国家社会科学基金重大项目阶段性成果

农产品流通研究丛书

总主编：王先庆　叶祥松

乡村振兴战略文库

生鲜流通论

ANALYSIS OF FRESH CIRCULATION

王先庆　蔡海珊　张新华◎著

经济管理出版社

ECONOMY & MANAGEMENT PUBLISHING HOUSE

图书在版编目（CIP）数据

生鲜流通论／王先庆，蔡海珊，张新华著．—北京：经济管理出版社，2019.4（2022.12重印）
ISBN 978-7-5096-6504-6

Ⅰ.①生… Ⅱ.①王… ②蔡… ③张… Ⅲ.①农产品流通 Ⅳ.①F304.3

中国版本图书馆 CIP 数据核字（2019）第 062547 号

组稿编辑：杨　雪
责任编辑：杨　雪　詹　静
责任印制：黄章平
责任校对：陈　颖

出版发行：经济管理出版社
　　　　　（北京市海淀区北蜂窝 8 号中雅大厦 A 座 11 层　100038）
网　　址：www.E-mp.com.cn
电　　话：（010）51915602
印　　刷：北京虎彩文化传播有限公司
经　　销：新华书店
开　　本：720mm×1000mm/16
印　　张：12.75
字　　数：183 千字
版　　次：2020 年 8 月第 1 版　2022 年 12 月第 2 次印刷
书　　号：ISBN 978-7-5096-6504-6
定　　价：55.00 元

·版权所有　翻印必究·

凡购本社图书，如有印装错误，由本社读者服务部负责调换。

联系地址：北京阜外月坛北小街 2 号
电话：（010）68022974　　邮编：100836

《农产品流通研究丛书》编委会

顾　　　问：安玉发　黄晓波　杨群祥　陈志强

总　主　编：王先庆　叶祥松

执行总主编：王朝辉　郑红军

编委会成员：徐印州　彭雷清　晏宗新　林勋亮　欧开培　李柏勋

徐忠爱　李征坤　王喜亚　陈金山　李　曼　戴晓霞

戴诗华　房永辉　张新华　蔡海珊　陈伟标　王　云

林雪梅　杨小虎　宋　浩　王　博　杨雅玲　侯明望

刘　珍　王苏媛　宋东辉　舒　心　夏　雪　周之昂

刘东阳　瞿　冬　南雅如　王　智　谭政梅　雷韶辉

《农产品流通研究丛书》总序

近年来，随着稻谷、玉米等主要农产品的市场供给进入相对过剩阶段，这也就意味着，制约中国经济社会发展几千年来的粮食极度短缺、严重供不应求的大难题将永远成为历史，买方市场的形成从此彻底改变了中国农产品市场的供求格局，中国农村的根本问题开始由生产问题转为流通问题。因此，在此背景下，中国农村的农产品流通渠道建设、农村物流体系、农产品品牌打造、农产品市场体系、生鲜食品安全等一系列流通和市场问题，从来没有像今天这样突出和重要。

那么，在新的形势下，中国农产品流通的现状如何，出现了哪些新特点、新现象和新问题，经过了哪些演变阶段，有哪些发展趋势，消费升级与农产品流通有什么样的关系，农产品生产与流通有什么样的互动关系？在"乡村振兴"战略下，农产品流通处于什么样的地位、有哪些功能和作用，农产品流通与农村供给侧结构性改革有什么关系？在"互联网+农产品流通"的大背景下，农村物流与电商如何发展，农村物流园区如何建设，农村电商体系如何构建？在当前的市场环境下，生鲜食品流通体系又如何构建？等等。这些都是当前"三农"问题中的重点、难点问题，必须进行深入研究，进而为实践和决策提供理论支撑。

广东财经大学商贸流通研究院一向以"构建有中国特色的现代流通理论体系"为使命，围绕农产品流通组建了专门的研究团队，成立了农产品流通研究中心，还成立了多个课题组。研究团队联合广东省商业经济学会、广州大学、广东温氏集团等单位，共同组成了若干个课题组，紧密联系实际，对上述一系列问题展开深入的跟踪调查研究和理论探讨。课题组成员不仅深入全国各地近 20 个省份的田间地头、种养植基地、各类农产品市场、仓储物流中心、农产品展销会或博览会等，近距离观察和了解了农产品流通的现状以及出现的各种新变化和新问题，还通过举办包括"华南农村流通论坛"等多种方式，与各级供销社、相关科研机构、行业协会和龙头企业进行广泛的沟通交流和学术探讨，凝集各地专家的智慧，深化研究成果。正是在此基础上，研究团队和课题组成员取得了一系列研究成果，并获得了包括国家社会科学基金重大项目在内的各级课题立项。

《农产品流通研究丛书》正是以上部分研究成果的结晶，同时也是2014 年广州大学和广东财经大学联合申报并立项的国家社科基金重大项目"建设统一开放、竞争有序的农产品市场体系研究"（首席专家叶祥松教授，课题编号 14ZDA031）的阶段性成果。本套丛书由中国农业大学安玉发教授、广东财经大学黄晓波教授、广东温氏集团营销公司陈志强总经理担任顾问，由广东财经大学商贸流通研究院院长王先庆教授和广州大学博士生导师叶祥松教授共同担任总主编，由广东财经大学农产品流通研究中心主任王朝辉教授和广东省社会科学界联合会决策咨询研究中心郑红军主任共同担任执行总主编。本套丛书由《农产品流通论》《农村物流园》《农村电商论》《生鲜流通论》《农业契约链》五本著作组成，分别由王先庆、潘苏、李曼、徐忠爱、除金山等专家作为主要执笔人。五本著作除了各主要执笔人外，还有 30 多位专家以及研究生（见编委会名单）不同程度地参与了课题调研、提纲讨论、资料整理、成果交流和编稿审稿等工作，可以说，尽管在每本书的前言或后记中，没有完整地记录研究团队各位专家的贡献，但必须强调和说明的是，这套丛书是编委会全体成员的共同成果。

本套丛书得以立项和出版，特别要感谢广东财经大学科研处、经济学院、国际商学院以及广东省重点智库华南商业智库、广东省重点决策咨询研究基地商贸物流与电子商务研究中心、广州市现代物流与电子商务发展研究基地等机构单位；非常感谢广东温氏食品营销有限公司对研究团队的大力支持，实际上，本套丛书也是"新形势下生鲜食品流通体系产学研协同创新"的阶段性成果之一。此外，还要感谢中国农业大学农产品流通与营销研究中心、华南农业大学经济管理学院、中国供销农产品批发市场控股有限公司、广东省供销合作联社、广州市供销合作总社等单位和机构的领导及专家们的指导与支持。当然，由于我们的研究脱离不了所处时代的影响，也脱离不了我们自身能力不足的限制，这套系列丛书难免存在这样那样的不足或局限性，但我们真心希望相关的研究能对农产品流通的决策研究和企业实践有较大的参考价值，因此，我们也真心期待读者们的批评指正，以期进一步修改完善。

王先庆 叶祥松 于广州

2018 年 1 月 18 日

目　录

第一章 生鲜流通与生鲜消费

生鲜流通是农产品流通体系的重要组成部分，由于它涉及"鲜活""新鲜"等特性，因此，对流通领域的渠道设计、链条环节、设施设备的要求有着自身的特殊性，从而需要专题研究。更主要的是，由于中国人在餐饮消费中对"生鲜"有着独特的理解和追求，具有浓郁的中国特色，随着中国人均收入水平的提高，越来越多的人正从温饱水平走向小康水平甚至富裕水平，对"美好生活"的追求使得人们对食物和食材的选择提出了更高要求，再加上中国地大物博、人口众多、地理差异大，从而导致生鲜的市场规模、市场容量、商品品类都特别丰富，从而使得构建完整的生鲜流通体系十分迫切，也十分必要。

生鲜，正被称为万亿级的风口，正在孕育着大量的新业态、新模式，成为新零售、新物流、新消费角逐的主战场之一，同时，这也正在为中国商品流通体系的建设注入新动能，成为推动中国流通业不断创新和发展的新力量。

第一节 生鲜与生鲜流通

一、生鲜的定义及相关特性

1. 生鲜的内涵与外延

所谓"生鲜"，是指刚刚生产出来或采摘、捕捞、收割回来的新鲜食物或食材，具有"刚出土"或"刚下树""刚收割"的意思。进一步地说，生鲜就是指未经烹调、制作等深加工过程，只做必要保鲜和简单整理上架而出售的初级产品。这里的"生"与"熟"是相对应的，就是还没有进入烹饪、烧烤或加工环节。一方面，"生鲜"与其他"非生鲜"不同，包括玉米、大豆、干果、调味品、佐料等其他农产品，此外，还有许多腌制、干晒、埋藏等处理过的食物或食材，都不属于生鲜范围；另一方面，它与餐饮业、食品加工业生产出来的"新鲜食品"也不同，如鲜肉包、鲜牛奶等。

生鲜，实际上就是"生鲜农产品"的简称，是对农产品的细化分类，种类众多。其他的"非生鲜农产品"，也不具备"生"和"鲜"组合在一起的价值。生鲜主要包括两大部分：一是可直接食用的食物，如水果、部分蔬菜、部分粮食（如红薯）；二是可需要烹饪和加工的食材，即餐饮食品原材料。

生鲜基本上都源于农业（广义的农业，即第一产业，包括种植业、养殖业、渔业等）的初级产品，即在农业活动中获得的植物、动物、微生物及其产品。生鲜与其他大宗农产品不同，有易腐易烂的自然属性，也叫鲜活农产品，包括新鲜蔬菜、新鲜水果、鲜活水产品、活的畜禽和新鲜的肉蛋奶类农产品等①。

2. 生鲜的构成与分类

为了对生鲜展开研究，学者们尝试对生鲜进行界定，一些学者认为生鲜主要包括蔬菜、水果、花卉、肉、蛋、奶以及水产品等生鲜初级产品，即"生鲜三品"果蔬、肉类、水产品，也有一些学者将生鲜定义为由农户生产、养殖的不经过加工或者经过少量加工，在常温下不能长期保存的初级农畜产品，一般包括蔬菜、水果、肉类和水产品。

中华人民共和国国家标准 GB/T22502—2008 中对生鲜的定义，是指蔬菜、水果、花卉、肉、蛋、奶以及水产品，它们来自种植业、养殖业、

---

① 严格地说，生鲜与鲜活农产品，还是有差异的。鲜活农产品中，有一部分并不能食用，如鲜花、部分药材等。由于后者所占比重不大，因此二者可以略等于。

采集、捕捞等，没有处理过或初级处理，来供人们享用。

就中国国情而言，在实际生活消费和生产经营过程中，将生鲜主要分为四大类：

（1）水果。水果是指可食用的多汁液且有甜味的植物果实的统称。可分为：软果（如提子、草莓、葡萄、猕猴桃、圣女果、火龙果等）、硬果（如苹果、梨等）、核果（如李子、桃子、梅子、杏子、枣、枇杷、人参果、无花果、山楂等）、瓜果（如西瓜、哈密瓜、蜜瓜、脆瓜、香瓜等）、柑橘（如柑、橘、橙、柚、柠檬等）、热带水果（如芒果、榴莲、山竹、椰子、香蕉、荔枝、龙眼、红毛丹、石榴、杨桃、菠萝、杨梅等）。

（2）蔬菜。蔬菜是指可以烹饪成为食品的，除了粮食以外的其他植物的统称。可分为叶菜（如青菜、菠菜、雪菜、鸡毛菜、空心菜、油麦菜等）、茎菜（如芹菜、韭菜等）、花菜（如白花菜、西兰花、菊花菜等）、根茎（如土豆、芋艿、番薯、大头菜、萝卜、莲藕、山药、荸荠、茭白等）、豆荚（如扁豆、蚕豆、带豆、荷兰豆、毛豆、罗汉豆、梅豆、豌豆、豆板、绿豆芽、黄豆芽等）、茄果（如茄子、西红柿、灯椒、尖椒、青椒等）、甘蓝（如包心菜、卷心菜、猪心菜、牛心菜、紫心菜等）、葱蒜（如大葱、小葱、洋葱、大蒜、蒜头等）、瓜菜（南瓜、北瓜、冬瓜、佛手瓜、青瓜、黄瓜、丝瓜、苦瓜、菜瓜等）、食用菌（如黑木耳、蘑菇、金针菇、绣针菇、海鲜菇、茶树菇等）。

（3）肉品。肉品是指陆上肉食动物及其可食部分的附属品制成的食品的统称。可分为猪肉（如精肉、条肉、龙肉、梅花肉、五花肉、前腿肉、后腿肉、方腿、蹄髈、前蹄、后蹄、大排、小排、草排、肋排、条排、仔排、汤骨、腔骨、龙骨、扇骨、猪尾、猪大肠、猪小肠、猪肚、猪肝、猪心、猪腰、猪头、猪耳、猪舌、猪脑、板油、油膘等）、牛肉（牛前腿肉、牛后腿肉、牛犍肉、牛腩肉、牛霖肉、牛胸肉、牛西冷、牛尾、牛排、牛筋、牛百叶、牛肚等）、其他家畜（如羊腿肉、羊白条肉、羊排、兔肉等）、禽肉（如鸡腿、鸡大腿、鸡翅、鸡翅根、鸡翅尖、鸡翅中、鸡背、鸡脯、鸡壳、凤爪、鸡心、鸡肝、鸡肫、鸡肠、草鸡、三黄鸡、童子鸡、土鸡、乌骨鸡、鸭腿、鸭边腿、鸭翅、鸭翅根、鸭翅尖、鸭翅中、鸭全翅、鸭脯、鸭脖、鸭壳、鸭掌、鸭舌、鸭头、鸭心、鸭肫、草鸭、鹅翅、鹅头、鹅掌、鹅肫等）、禽蛋（如鸡蛋、家鸡蛋、笨鸡蛋、草鸡蛋、土鸡蛋、洋鸡蛋、乌骨鸡蛋、鸭蛋、鹌鹑蛋、鸽子蛋等）。

（4）水产。水产是指江、河、湖、海里出产的经济动、植物的统称。可分为活鲜水产（如鲢鱼、鲤鱼、鲈鱼、鲶鱼、鲑鱼、河鲫鱼、河鳗、青鱼、草鱼、黑鱼、汪刺鱼、黄鳝、龙虾、河虾、对虾、明虾、基围虾、罗氏虾、毛蟹、青蟹、江蟹、白蟹、石蟹、海鲎、白蛤、圆蛤、花蛤、蛤蜊、蛏子、蚶子、扇贝、鲍鱼、生蚝、牡蛎、虾蛄、黄蚬、泥螺、田螺、螺蛳、麻螺、香螺、泥鳅、牛蛙、田蛙、甲鱼、乌龟等）、冰鲜水产（俗称"热气水产"，如鲳鱼、梅鱼、大黄鱼、小黄鱼、黄花鱼、带鱼、海鳗、鲋鱼、鳓鱼、马鲛鱼、马头鱼、米鱼、三文鱼、青占鱼、黄占鱼、舌鳎鱼、鸦片鱼、香鱼、橡皮鱼、鳕鱼、鲟鱼、仔鱼、墨鱼、目鱼、乌贼、章鱼、鱿鱼、望潮等）、冷冻水产（俗称"冷气水产"）、水发水产（如海蜇等）、水产干货（如海苔、紫菜、海带、海蜒、龙头烤、鱼干、鱼鲞、鱼片、鱼丝、糟鱼、醉鱼、咸鱼、虾干、虾皮、烤虾、咸蟹、炝蟹等）。

在企业经营过程中，由于流通方式和经营方式的差异，各自对生鲜的分类又有细致的不同，主要是为了管理的需要。例如，生鲜电商企业和生鲜超市就不同，生鲜电商更强调产地渠道，而超市则更强调品类管理。

资 料 一

某超市生鲜区品类划分

1. 蔬菜

（1）叶子类：菠菜、青菜、鸡毛菜、娃娃菜、大白菜、芹菜、西芹、茼蒿、米苋、香菜、生菜、包菜、花椰菜、西兰花、紫甘蓝、凤尾菜、草头。

（2）根茎类：虎皮青椒、菜椒、青红椒、莴笋、山药、芋艿、土豆、冬瓜、南瓜、萝卜、胡萝卜、莲藕、茭白、竹笋、冬笋、红薯、紫薯、花生、玉米、蒜薹、秋葵、芥兰、芦笋、西红柿。

（3）菌菇类：金针菇、香菇、锦绣菇、蘑菇、杏鲍菇、百灵菇。

（4）调味类：老姜、嫩姜、大葱、大蒜、小米椒、洋葱。

2. 肉类

（1）鲜猪类：五花肉、里脊肉、猪蹄、蹄髈、大排、小排、肉丝、肉末、夹心肉、猪尾、猪心、猪舌、猪耳、猪肝、大肠。

（2）咸肉类：腊肠、咸肉、咸蹄、咸鸡、咸鸭、海带、紫菜、火腿、各类酱菜（9~12 种）。

（3）牛、羊肉。

3. 水产类

（1）河鲜：花鲢鱼、草鱼、鲫鱼、鳊鱼、白水鱼、黑鱼、回鱼、鲈鱼、基围虾、沼虾、大闸蟹。

（2）海鲜：鲳鱼、带鱼、鱿鱼、对虾、条虾、梭子蟹、花蟹。

（3）贝类：文蛤、花蛤、蛤蜊、小鲍鱼、扇贝、蛏子、螺丝。

4. 水果

苹果、蛇果、噶纳果、香蕉、雪梨、香梨、橘子、橙子、蜜橘、哈密瓜、西瓜、凤梨、菠萝、火龙果、桂圆、柠檬、芒果、小番茄、山竹、提子、葡萄、草莓、榴莲、车厘子、樱桃。

5. 豆制品

豆腐干、香干、豆腐丝、千层、素鸡 酯豆腐、老豆腐、油豆腐、面筋、烤麸、素大肠、炒鸡丝、豆腐皮、腐竹。

3. 生鲜的特性

不同于普通工业品和深加工农产品，生鲜通常具有以下特性：

（1）鲜活性。鲜活性又称生鲜性，是由农产品直接取材自植物果实、躯干、根茎或动物性产品的特点决定的。部分植物性产品可以生食，但大多数生鲜必须经过高温及加工处理后才能食用。

（2）易腐性。生鲜的质量一般随着存放时间的延长而降低。古人形容荔枝的生命周期短暂用"一日而色变，二日而香变"来描述，正是生鲜易腐特质的真实写照。通常来说，生鲜往往含有大量水分，容易受微生物污染腐烂变质，且运输途中的轻微碰撞损伤都会加快这一腐烂过程，因此每年由生鲜易腐特性造成的损耗和浪费数量惊人，尤其是以鲜食蔬菜水果最为突出。

（3）易逝性。生鲜的易逝性是指其作为商品，自身价值随着时间的流逝而快速递减的特性。与易腐性不同的是，生鲜的易腐性更强调生鲜的质量变化特征，而易逝性则更关注生鲜作为商品的价值问题。大多商品都具有易逝性特征，如时装、节日礼品、电子产品等，经过一定的销售期限后，商品价值会大幅下降。同样，生鲜作为日常消费必需品，其易逝性特征是与其易腐性特点紧密相关的，正是由于易腐易逝的特点，生鲜不能和普通消费品混同对待。

（4）即食性。生鲜易腐易逝的特点，导致大部分生鲜的口感及营养价值都随着存放时间的增加而降低，且随着居民生活质量的提高，对于生鲜度的要求也不断提高。对于广大消费者来说，生鲜作为其日常生活必不可少的一部分，几乎每天甚至每顿都需要现买现食，其消费行为也表现出明显的购买批量小、购买频次高的特点，即食性特征显著。

（5）易损性。由于生鲜的生产季节性突出，而其消费又具有连续性的特点，除了反季节生产技术的应用，还必须考虑合理储存问题。一般情况下，生鲜由于鲜活的特点在常温下的可储存时间很短，从几天到几十天不等。若想延长存储时间就必须使用冷链技术，而现实中农产品尤其是生鲜的附加值较低，而冷链成本较高，因此我国当前生鲜的冷链比例仍然较低，大多以常温物流为主。生鲜的贮藏表现出一定的难储存性。

由于生鲜易腐易逝的特点导致其通常不适合长距离运输，对物流环节的要求较高。如大部分生鲜在搬运、堆放过程中要轻拿轻放以防止碰伤腐烂（如水果、蔬菜、蛋类），运输中要尽可能快速运货以减少在途时间或采用一定的冷藏设施（如冷藏车），这也进一步增加了生鲜的物流成本。与工业品相比，众多生鲜活性较高，物流过程中往往需要对温度和湿度加以控制，否则就会使得生鲜大量腐烂变质而造成损失，因此生鲜物流需要获得冷链等技术的支撑，而生鲜属于初级农产品，附加值和包装程度较低，人们开始采用筛选、包装技术对其进行增值。随着人们对安全性意识的提高，追溯技术又被引入生鲜物流中以全程监控运作状况，从而确保产品安全。可见，生鲜物流运作需要多种技术支撑，其运作难度远远大于标准化、包装化、高附加值的工业品物流。

资料二

中国传统的十种保鲜方法

（1）温度与湿度管理——防止蔬菜的散热作用及抑制呼吸量最有效的方法。

（2）冰冷水处理——利用冰冷水及碎冰覆盖于生鲜产品上面的方法。如冰鲜水产、葱蒜保鲜等。

（3）冰盐水处理——提供一个盐浓度3.5%、加上碎冰、使水温降至0℃环境下的处理。此方法可保持生鲜商品养分不易流失、保持新鲜。如水产。

(4) 强风预冷设备——利用强风预冷,使其呼吸未达到高度时就迅速下降,因而保持叶面翠绿,常用于刚采摘的叶菜。

(5) 冷藏苏生——将鲜度开始减退的生鲜商品再次提高鲜度的方法,其苏生库房的环境在 3~5℃ 低温及 90%~95% 湿度条件下,方可执行。

(6) 保鲜膜包装——抑制水分的蒸发,防止失水、皱缩,以达到保鲜目的。抑制呼吸作用,防止呼吸热的无谓消耗,以达到保鲜目的。

(7) 冷藏库冷藏——将生鲜商品保持在 0~5℃ 的低温条件下保鲜。

(8) 冷冻库冷冻——将生鲜商品保持在 -18~-40℃ 冻温条件下冷冻。

(9) 清洁、卫生条件——作业场地、设备、处理切割刀具清洁,作业员工个人卫生好、服装干净。

(10) 冷藏、冷冻的运输设备——防止长时间的运送而产生的鲜度减退问题,是极重要的鲜度管理。运送过程中,温度过高、风吹、无冷藏、冷库、退温等均需防止。

(6) 季节性。除了生鲜自身特点带来的以上特性外,与普通工业品和日用消费品相比,生鲜在其供给方面也存在一定的特殊性。比如季节性或周期性。生鲜来源的季节性是由其鲜活性特征决定的。众所周知,生产生鲜的动物或者植物的生长具有周期性,那么随之而来的生鲜供应也便具有相应的周期性。一般来说,当季生鲜供给量充足价格较低,反季供给量小且价格较高。尽管随着技术的进步,各种反季节的水果和蔬菜在出现,尤其是农业工业化进程的加快,导致部分农产品生产方式的工业化,如工厂生产的食用菌、温室种植的蔬菜、瓜果和花卉等。但是,季节性仍然是生鲜的主要特征。

正是因为季节性的存在，导致生鲜的供给和需求缺乏弹性。生鲜是广大消费者的日常生活必需品，尤其是一些蔬菜和肉类，价格的变化并不会造成需求较大的变化。因此，消费者对生鲜的需求往往缺乏弹性。同样，由于生鲜周期性和季节性的存在，当价格变化时，即使立刻投入农业生产资料准备生产，也无法及时生产出顺应市场要求的产品，所以，生鲜的供给同样缺乏弹性。正是由于生鲜市场的上述特征，因此，在对生鲜的生产和市场组织方面就具有更多的交易手段，来对冲市场波动和风险，如期货市场等。

同时，由于生鲜具有播种期（生育期）、生长期（哺乳期）、成熟期等生产时间，农业生产具有明显的季节特征，从而使得生鲜的生产、销售物流也呈现出明显的季节性特征。一般而言，随着生鲜成熟期的临近，物流量会随之增加，而随着生鲜的退市，其物流量会随之下降，可见生鲜物流量呈现出低、高、低的走势，具有明显的波动特征。

（7）地域性。我国幅员辽阔，地域范围跨越多个温度带并表现出不同的地理类型，有盆地、平原、丘陵、高原和山地，全国大部分地区四季分明。不同的气候条件、不同的土壤类型滋养了不同的农作物以及牲畜生长，同时由于规模效益和品牌宣传等其他因素影响，我国不同地区往往都有代表地方特色的土特产品，如山东寿光的蔬菜、吐鲁番的葡萄、西藏的牦牛肉等，具体如表1-1所示。

表1-1　我国部分生鲜生产的地域特色

农产品类型	特色产地
砀山梨	安徽砀山
菠萝、芒果	海南省
荔枝	广东省
哈密瓜	新疆维吾尔自治区
刺梨	贵州省
橘子	淮河以南
海鲜	沿海城市（大连、福建、三亚等）
阳澄湖大闸蟹	江苏省苏州市

续表

农产品类型	特色产地
武昌鱼	湖北省
舟山带鱼	浙江省舟山市
三门青蟹	浙江省三门市
辽参	辽宁省大连市

（8）差异性。这里的差异性主要是指生鲜质量和品质的差异性。通常说的农产品质量既包括涉及人体健康和安全在内的质量要求也包括涉及农产品的营养成分、口感、色香味等在内的非安全性的一般质量指标[1]，而不同地域、不同自然条件、不同季节或生产方式下的生鲜质量往往都有差异。一方面，生鲜质量评价的部分指标难以肉眼发现，如农药残留、有机物、营养元素等，必须借助专业的检测设备才能发现；另一方面，由于生产条件（光照、水分、养料）的不同，各个生鲜品的成长成熟条件也不尽相同，因此各自的口感、大小、重量、营养成分等品质也无法做到完全统一，个体差异性显著。

二、生鲜流通体系

1. 生鲜流通的定义

流通是指商品的运动过程。其概念有广义和狭义之分，广义的流通除了商品流通还包括在商品流通领域中其他生产要素的流动过程，如货币流通、劳动力流通等；而狭义的流通是指商品流通，是商品从生产领域向消费领域的运动过程，是商品所有权与商品实体共同的转移[2]。本书所引用的是流通的狭义概念。

生鲜流通是指根据市场需求和渠道体系，生鲜农产品以不同的流通方式和交易方式，从源头产地向销地及消费终端转移，实现其自身价值增值

---

[1]　田义文，侯曦.质量安全视野下的农产品有效供给研究 [J].新西部（下旬·理论版），2011（10）.

[2]　张建华.商品流通学 [M].北京：中国经济出版社，2014.

的过程，包括农产品生产、采摘、分拣、加工、包装、储存、检测、运输、分销、配送等环节，最终到达消费者手中。

生鲜流通是一个链条相当长的过程。尤其是在我国农业机械化较低的情况下，生产上的分散性是由我国的小农生产模式决定的。以家庭为单位的生产经营模式集约化程度低，因此，生鲜在从农户到达消费者手中时往往要经历"农户→一级收购商→大型批发商→分销商→消费者"等诸多中间环节，农产品的运送形态也要经历"少量分散→大量集中→少量分散"的整个过程。例如，猪肉流通的产业链就牵涉到从上游玉米、大豆种植到饲料生产，再从养殖、屠宰到下游食品加工的整个过程，其产业影响和经济贡献也特别大①。

正是由于生鲜流通环节多、链条长，因此，生鲜流通渠道的安全性、稳定性、有序性就十分重要，因为它真正关系到国计民生和人民幸福生活的感受。这种特性，本质上体现为生鲜流通的部分公益性，即它要求生鲜流通过程中，要尽量实现稳定低价、降低损耗、质量安全、稳定供应、合理生产、流畅销售等目标，这也是它与日用工业品明显不同的性质。

2. 生鲜流通体系

生鲜流通包括不同的环节和链条，这些环节和链条共同构成不同的生鲜流通渠道，以不同的流通方式和业态模式体现出来，从而构成整个生鲜流通体系。进一步地说，所谓生鲜流通体系就是由生鲜流通的不同环节、链条、业态、渠道、模式构成的商贸系统。

生鲜流通可以从两个角度去观察：一是从渠道角度，主要是与生鲜相关的商流、物流、信息流、资金流；二是从链条角度，主要包括与生鲜有关的产业链、价值链、供应链三个方面。如果说，现代生鲜流通体系是一个复杂的肢体，那么，它的供应端就是头部，销售部就是脚部。而将头和脚连接起来的"桥梁"，就是它的产业链、价值链和供应链。"三链"的关系是：产业链是它的骨骼和载体；价值链是它的血液和灵魂；供应链是它

---

① 由于中国消费者传统上多偏爱猪肉，按目前生猪存栏量和价格测算，行业规模约8000亿元左右，若加上上下游，产值达到2万亿元。

的神经和心脏。

实践表明，只有产业链、价值链、供应链"三链联动"机制设计合理，并能顺利运转，"模式创新"才能算取得成功；也只有"三链"连接得好，流通渠道网络体系，尤其连锁门店经营体系，它所产生的商流、物流、资金流、信息流，才能顺畅地流动，才能产生相应的价值。

3. 生鲜全产业链流通体系

随着生鲜流通体系的不断发育和成长，国内一些大型流通企业，尤其是互联网流通企业，如京东、阿里巴巴等，着力"从源头到餐桌"的全产业链流通体系。本质上，这是我国生鲜流通体系的一场巨大变革，即从传统的生产主导型的生鲜流通产业链转向现代需求主导型的流通产业链。

在长期的小农经济和生产不足条件下，我国生鲜流通体系属于典型的"生产主导型"产业链类型，缺少流通需求导向。也就是说，农民普遍只负责生产，但终端销售渠道则是外部的，属于典型的"自己生产，别人卖"模式的产业链。比如，广东温氏集团是国内知名的以养猪为主的农业龙头企业，但过去几十年中，它基本只养殖，不参与流通。

然而，随着市场环境的变化，传统的"卖方市场"已成为历史，任何生鲜企业都必须面对国内外激烈的市场竞争，注重市场需求和流通导向，这就意味着生鲜企业要参与"自主流通渠道"体系的培育与形成，即重组产业链，就是使原来的产业链延伸。所谓延伸产业链则是将一条既已存在的产业链尽可能地向上下游拓深延展。产业链向上游延伸一般使得产业链进入基础产业环节和技术研发环节，向下游拓深则进入市场拓展环节。这样，原来的产业链，就要重组，与新的"流通导向型"体系相匹配。

目前，比较前沿的做法，就是生鲜的生产企业与流通企业共同构建全产业链流通体系。所谓"全产业链"是指由农场到餐桌所涵盖的种植、采购、贸易、物流、食品原料（饲料）、养殖与屠宰、食品加工、分销、物流、品牌推广、食品销售等多个环节构成的完整的产业链系统。通过对产品质量进行全程溯源及控制，实现食品安全可追溯的食品流通产业链。

"全产业链"最重要的环节是两头：上游的种植（养殖）与下游的营

销，重中之重，是上游的自给。全产业链模式使得上下游形成一个利益共同体，从而把最末端的消费者的需求，通过市场机制和企业规划反馈到处于最前端的种植与养殖环节，产业链上的所有环节都必须以市场和消费者为导向。它注重以下几点：一是生鲜流通企业能往上下游延伸，关注附加值高的环节，上下游资源配置平衡，创新与品牌贯穿始终；二是生鲜流通过程是系统设计的多环节、多品类、多功能有机结合的、整体运作的组织体系，就像一部机器、一盘整棋，各环节相互衔接，整个产业链贯通，关键环节有效掌控，价值链各环节之间、不同产品线之间的相关功能可以实现整合或战略性有机协同；三是对从源头到终端的每个环节进行有效管理，食品安全可控度高、可追溯性强，食品安全更有保障；四是信息传递顺畅，能快速反映消费者的信息，促进上游环节的创新与改善，使整个企业对市场的反应更敏感、更及时。

生鲜产业链是现代农业的核心产业组织形态，现代农业竞争本质上是产业链竞争。在市场拉动和政策支持的共同作用下，我国生鲜产业链正迈入快速发展的新阶段，但产业链组织化和一体化程度较低，利益联结和分配机制不完善，政策支持和要素支撑体系不健全，各行业产业链竞争力总体不强。今后，应把产业链整合作为推进农业供给侧结构性改革的重要内容，用产业链整合来统领农产品加工业发展、一二三产业融合、休闲农业发展等政策，并根据农业结构调整的方向分类推进。特别是要加强农业产业园区等载体建设，积极培育农业产业化龙头企业等产业主体，提升产业链一体化水平，健全利益联结机制，完善政策和服务支撑体系，加快提升生鲜产业链竞争力。①

总之，现代农业竞争已由产品之间的竞争转为产业链之间的竞争。加快推进生鲜产业链整合，能有效弥补我国传统农业经营方式竞争优势的不足、更好地参与全球竞争，能加快推进农业结构调整、促进农民增收。必须抓住当前需求侧消费结构升级、供给侧结构性改革加速的有利时机，立

① 国务院发展研究中心农村经济研究部课题组，叶兴庆，张云华，金三林. 加快产业链整合 提升中国农业竞争力 [J]. 中国经济报告，2017（8）：68-71.

足国情、分类施策，积极探索中国特色的生鲜产业链整合模式。

4. 生鲜流通价值链与"全渠道"

企业的价值链，主要包括生产价值、创意价值、渠道价值、服务价值等方面。企业的价值创造是通过一系列活动构成的，这些互不相同但又相互关联的价值活动，构成创造价值的动态过程，即价值链。

价值链上的每一项价值活动都会对企业最终能够实现多大的价值造成影响。就企业的本质而言，企业与企业的竞争，不只是某个环节的竞争，而是整个价值链的竞争，而整个价值链的综合竞争力决定企业的竞争力。就生鲜流通体系而言，渠道价值是整个价值链的核心，它决定整个价值链的价值水平。

在互联网背景下，流通渠道体系包括线上和线下，因此，渠道的客户资源和价值来源，也分为线上和线下，即"全渠道"O2O。"全渠道"就是线下渠道和线上渠道的融合。只要具备相应人才和技能，任何企业都可以做"全渠道"，它是指企业采取尽可能多的零售渠道类型进行组合和整合（跨渠道）销售的行为，以满足顾客购物、娱乐和社交的综合体验需求，这些渠道类型包括有形店铺和无形店铺，以及信息媒体（网站、呼叫中心、社交媒体、E-mail、微博、微信）等。只有充分地实现线上线下"全渠道"的同步开发和占有，才能实现价值的最大化。

研究表明，消费者对生鲜产品的关注度由大到小排序为：产品新鲜、购买便利、便宜实惠、品质有保障、安全放心、可供选择多、有促销活动。将对应以上因素的优势分为：一是产品体验（品控好，产品品类全等）；二是消费体验（品牌运营，门店多，物流配送快等）；三是成本控制（进价，供应链，仓储物流成本等）。

为了满足消费者"任何时候、任何地点、任何方式"购买的需求，采取线上线下融合的"全渠道"，提供给顾客更方便、更快捷、更好的购买体验。"全渠道"是对传统生鲜产业链和供应链的一种变革。因为传统生鲜流通渠道层级繁多，供应源头早已远离市场。结合线上线下渠道的"全渠道"砍掉中间层级，使供应链扁平化的同时还能提高消费者的服务体验，全方位地满足消费者的需求。

第二节　生鲜市场与生鲜消费

一、生鲜市场发展环境

生鲜市场由生鲜供给与生鲜需求构成。生鲜供给主要是生鲜的生产、采购与供应，生产需求主要是生鲜的零售与消费。生鲜市场的发育成长与变革，是研究生鲜流通的基本视角和逻辑主线，生鲜流通体系的形成以及演变主要受生鲜市场支配。近年来，我国生鲜市场环境正在出现明显变化，从而推动了生鲜市场的高速成长与变革。

1. 农业发展为生鲜行业提供源头保障

自 2004 年以来，中央一号文件均是聚焦于"三农"问题，可见党和政府对农村发展的重视程度。2019 年的中央一号文件《中共中央国务院关于坚持农业农村优先发展做好"三农"工作的若干意见》主要包括：聚力精准施策，决战决胜脱贫攻坚；扎实推进乡村建设，加快补齐农村人居环境和公共服务短板；发展壮大乡村产业，拓宽农民增收渠道；全面深化农村改革，激发乡村发展活力等。① 在《意见》中突出强调了要深入发展农产品加工产业，支持农民乡村创业，完善物流体系建设，而加强农产品流通设施和市场建设，将有力地破除国内生鲜电商发展中存在的短板，加上农产品标准化生产水平的提高以及宽带普及率的上升，给生鲜行业提供了更好的源头保障。

2. 居民消费升级带动生鲜消费需求

2018 年，全国居民人均可支配收入 28228 元，比上年名义增长 8.7%，其中，城镇居民人均可支配收入 39251 元，增长 7.8%；农村居民人均可支

---

① 国务院：《中共中央国务院关于坚持农业农村优先发展做好"三农"工作的若干意见》。

配收入 14617 元，增长 8.8%。从支出来看，2018 年全国居民人均消费支出达到 19853 元，比上年名义增长 8.4%，其中，城镇居民人均消费支出 26112 元，增长 6.8%；农村居民人均消费支出 12124 元，增长 10.7%。①居民人均消费支出稳步增长，居民的"钱袋子"鼓了，自然对商品的消费需要会上升，更加追求健康、安全的生鲜；同时在供给端也涌现出一批以有机绿色的环保生鲜产品，带动市场消费升级。同时，目前我国城镇居民冰箱保有率超过 98.5%，趋于饱和，也带动了生鲜消费需求的快速崛起。

据统计，2018 年 1~12 月，社会消费品零售总额达到 380987 亿元，比上年增长 9.0%，消费整体趋稳，其中，餐饮消费达到 42716 亿元，粮油、食品类消费达到 338271 亿元，同比增长 10.2%，增长量和增速均较高②。生鲜市场也呈现稳步发展的态势，2017 年交易额达 1.79 万亿元，其中，蔬菜水果占比 55%，肉禽单品占 17%，水产海鲜占 16%，牛奶乳品占 9%，其他占 3%。预测 2020 年生鲜市场将达 2.31 万亿元，复合增速 14.16%。

由于现在人们生活水平的日益提升，我国居民特别是城市居民对于生鲜消费的品种、口味以及安全性不断提高，从而使生鲜消费进入了更加注重于质量、注重于安全性的消费新阶段，生鲜的发展和流通迎来了全新时代。经济的持续增长和生活水平的不断提高推动了农产品流通的快速发展，近几年，我国生鲜从生产到消费都发生了巨大的变化，其中生鲜产量的持续增长、消费者对生鲜质量要求的日益提高，以及消费者对生鲜消费渠道选择的改变等都对生鲜的流通提出了更高的要求。人们对于生鲜需求日益增加，结构更加多元，这使得生鲜流通在我国的快速发展面临着巨大的机遇和挑战③。

3. 生鲜市场需求旺盛，激发资本投资热情

生鲜产品是全球消费市场重要的品类之一，由于其保质期较短，消费呈现少量多次的特点，而随着人们收入和消费的不断增加，对于生鲜商品

---

①② 数据来源于：《中国统计年鉴》（2018）。

③ 张志勇．新时期我国生鲜流通存在的问题及对策研究［J］．山东商业职业技术学院学报，2016，16（1）：8-13.

的需求也是日益上升。生鲜食品引流作用明显，75.9%的用户表示在购买生鲜食品的同时会购买其他品类的商品。其中日用百货等高频需求是用户在购买生鲜食品时最常购买的品类，有69.2%的用户会在购买生鲜食品的同时购买日用百货。① 在零售终端激烈竞争的背景下，"得生鲜者得流量"。

生鲜产品具有高频刚需、高费用、低毛利等特性，在消费升级的背景和新零售的风口下，生鲜这一高频刚需的品类，正成为资本关注的热门赛道。据统计，截至2018年10月初，生鲜行业相关企业（规模以上）共有2072家。其中以生鲜配送业态为主的企业数量最多，占比约为93.5%。从企业区域分布来看，江苏省、广东省因其经济发达兼具地域优势，行业企业数量较多，分别占比29.39%和14.28%。

2017年是新零售元年，以盒马鲜生和超级物种为代表的线上线下融合新零售模式受到消费者热捧。门店及时仓，半径3公里的配送范围实现半小时送达的服务，进一步提升消费体验。2017年末开始，社区生鲜店也乘着新零售的风口火了起来，以农贸市场与大型连锁超市为主导的生鲜渠道格局正在慢慢被打破，具有较强便利性的社区生鲜业态开始成为线上电商和线下超市的有效补充，发展正盛，不同背景的各方资本纷纷入局。像"钱大妈""生鲜传奇"等社区生鲜门店纷纷获得各类资本的青睐。②

4. 互联网、大数据等新技术的应用，促进了生鲜流通体系的变革

大数据技术应用，协助生鲜企业更好地管理库存，分析消费人群偏好，提升运维效率。随着直播、VR、智能终端等的走红，生鲜电商消费越来越休闲化、娱乐化、体验化。近年来，随着互联网、直播等新媒体工具的不断应用与普及，为农产品流通创造了新的渠道，特别是农村电商的普及，以往滞销的农产品借助互联网的大风走出山区，为海内外的消费者所熟知，打破了传统流通模式下的渠道壁垒。

---

① 中国产业信息网. 2018年中国生鲜网购用户数据分析［EB/OL］. https：//www.chyxx.com/industry/201804/626935.html，2018-04-04.

② 商业邦订阅号. 生鲜传奇再融3亿，估值30亿破社区生鲜融资纪录！［EB/OL］. http：//www.sohu.com/a/258703616_ 100012900，2018-10-10.

同时，物联网、冷链物流的发展，推动生鲜产品标准化和管理的现代化①。利用物联网技术，综合处理各类数据信息，实行芯片定位的物资坐标处理，这样能够方便物流的配送，这些产品在配送过程当中能够在时间上做到无缝对接，提高生鲜产品的配送效率，降低配送成本。② 从农户到餐桌，物联网技术协助资源体系搭建，实现生鲜产品的全流程溯源，生鲜产品标准化得到保障；同时冷链技术的逐步普及大大降低了生鲜损耗率。

5. "一带一路"倡议促进跨境生鲜业务

"一带一路"倡议和自贸区的建立有力地促进跨境生鲜电商业务，越来越多海外优质生鲜产品有机会进入中国市场，跨国生鲜供应链得以建立健全。此外，边境口岸通关的设施条件得以改善，简化通关手续，优化跨境支付模式，降低成本，提升效率，让对时间损耗非常敏感的进口生鲜电商获得了直接推动。而"一带一路"倡议的推广，有效扩大了优质农产品的进出口规模，进一步壮大农产品跨境电商新兴贸易模式的发展。③ 在"一带一路"倡议下，中国与多国间的果蔬贸易流通实现了互利互惠。在相关政策方针的引导和扶持下，2017 年国内果蔬业在"走出去"和国外优质水果"引进来"方面都取得诸多好成绩。

二、生鲜供给与生鲜流通

1. 生鲜市场规模迅速扩大，成为高成长行业

作为一个农业大国，我国的生鲜流通量巨大，多种生鲜产量（如水果、蔬菜、肉蛋等）连续多年高居世界第一。尤其是近些年，随着种植养殖技术的发展，我国的生鲜供给及输出能力均取得了较大的提高。根据2018 年《中国统计年鉴》相关数据：2018 年我国粮食总产量约 65798 万

---

① 物联网是互联网、传统电信网等信息承载体，让所有能行使独立功能的普通物体实现互联互通的网络。在物联网上，每个人都可以应用电子标签将真实的物体上网联结，在物联网上都可以查出它们的具体位置。通过物联网可以用中心计算机对机器、设备、人员进行集中管理、控制。

② 顾宇明. 物联网技术在生鲜产品物流配送中的应用 [J]. 消费导刊，2017（15）：66.

③ 姜惠田. 从"一带一路"看苏宁易购生鲜电商布局 [EB/OL]. http://software.it168.com/a2017/0921/3171/000003171912.shtml，2017-09-21.

吨，其中稻谷 21213 万吨，小麦产量 13143 万吨，玉米产量 25733 万吨；棉花 610 万吨；猪牛羊禽肉 8517 万吨，水产品产量 6469 万吨。① 然而这么庞大的农产品数量，最终进入流通领域的仅有 1/3 不到。

据统计，2017 年我国生鲜市场交易规模达 1.79 万亿，同比增长 6.9%，且自 2013 年以来持续保持 6% 以上的增长，2018 年生鲜市场交易规模将继续增长至 1.91 万亿左右（见图 1-1）。随着人均收入水平的提高，这一规模还有进一步提升的空间。

交易额（万亿元）

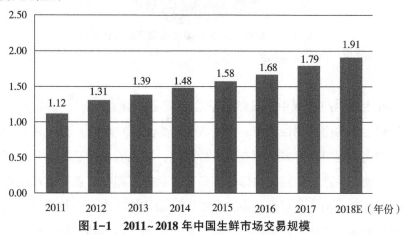

图 1-1 2011~2018 年中国生鲜市场交易规模

资料来源：中国产业信息网。

据统计，我国生鲜产品品类构成结构比例较稳定，蔬菜水果占比最大。以 2017 年为例，蔬菜水果占比为 55%（见图 1-2）。

2. 生鲜市场发展水平不高，仍处于起步阶段

随着大众生活水平的提高和生活节奏的加快，以居民日常生活消费为出发点的生鲜类商品已成为连锁超市的重要组成部分，生鲜强门店强，生鲜弱门店弱的现象普遍存在于连锁企业里。但由于生鲜经营技术含量相对较高、经营环节相对复杂，且企业普遍都是边学边做、管理和技术经验都严重匮乏，因此导致很多零售企业对生鲜处于"进无思路、退无出路"的状态。

① 数据来源于国家统计局：《统计年鉴（2018）》。

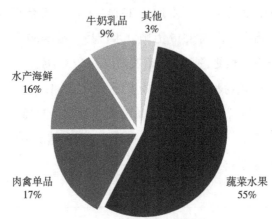

图 1-2　2017 年生鲜产品类别销售额占比情况

资料来源：中国产业信息网。

　　在生鲜生产过程中，虽然目前在我国各地建立了不少的生鲜生产基地，但生鲜的生产仍以单个农户分散生产为主。单个农户为追求利润最大化，加之我国对生鲜缺乏相应的质量监控，导致农户只重视数量忽视产品品质，使其生产的生鲜无法保证其品质的状态。即便有农户生产出有品质保证的生鲜，由于其规模过小，也难以保证其能在市场上被消费者甄别从而获得更多的补偿。因而使得产品农药、兽药、重金属超标，产品使用国家明令禁止的化肥饲料，造成近年来疯牛病、禽流感、瘦肉精和超标农药等问题频频出现。使食品安全已成为继人口、资源和环境之后的第四大问题，更是消费者最为关注的问题，但是由于生产者的分散性和小规模性，即使出现了问题，也难以进行问题追溯，对生鲜的监督和管理就更加困难。

　　作为以"新鲜、绿色、安全"为卖点的品类，生鲜保质期短、季节性强、储存难的特点，使其在整个运输、装卸、储存、加工、陈列再到顾客选购整个链条中，大量的损耗不可避免。加之我国超市生鲜经营管理人才匮乏，且众多企业尤其是中小企业流程和标准不健全，控制不严等问题普遍存在，使得生鲜的损耗居高不下。经统计，在生鲜五品中，其自营损耗率分别为：熟食 14.32%、蔬果 8.94%、面包 12.85%、肉类 5.22%、水产

5.41%，其中以肉类最为严重。

此外，据中国物流与采购联合会数据，我国物流损腐率超过 10%，国际水平则在 5% 左右。从冷链方面数据来看，美国、日本综合冷链流通率分别达到 90% 与 98%，而我国是 19%，我国的生鲜供应链产业与发达国家相比仍然存在明显的差距。2018 年，我国的果蔬、肉类、水产品的腐损率为 15%、8% 和 10%，而发达国家的平均水平仅为 5%，我国仅果蔬一项因运输储存不当导致的年损失已近千亿元。

在生鲜流通领域，行业整体赢利能力较弱。统计显示，目前我国生鲜的费用率（含房租、人员工资、设备投入、水电煤气、损耗、配送费用等）高达 13%，而生鲜的平均综合毛利率（损耗后）仅为 12.37%，多数企业生鲜的经营利润为负数。与传统农贸市场相比，超市生鲜区在场地的租赁及卖场的装修上花费的资金更多，同时，空调、冷链、车辆等设备的投入，以及严格的品质管理和工作流程都使生鲜经营成本大大增加；而其价格定位却受各类因素而随时变动，因此整个品类的利润都不佳。在本次统计的样本企业中，各品类毛利率分别为：蔬果 13%、面包 41.8%、精肉5.07%、水产 5.56%、熟食 16.6%，除去损耗，其利润能力普遍偏弱。

3. 生鲜现有销售渠道较为传统

目前，我国生鲜食品的销售渠道仍主要集中在农贸市场，虽然保持着逐年递减的态势，但总体变化量并不大。2017 年，大约 57.1% 的消费者选择在农贸市场购买生鲜食品，超市占比为 38.51%，其他包括电商、便利店等其他渠道占比约为 5%。[①] 相比于超市，农贸市场的层级、交易烦琐，存在严重的信息不对称问题，而且农贸市场对于城市布局和环卫工作也带来了一定的挑战，具体对比如表 1-2 所示。而乘着新零售的东风，生鲜超市、社区便利店等新型零售渠道，则依靠优化农—超对接环节，缩短物流时间，降低损耗等优势成为后起之秀，在生鲜行业渠道中发挥了越来越重要的作用。

----

① 2018 年生鲜行业研究报告［R］. 前瞻产业研究院，2018-12-03.

表 1-2　我国生鲜销售渠道及优缺点对比

销售渠道	消费者占比	优点	不足
农贸市场	约70%	品类齐全，新鲜价廉	层级繁杂、交易繁琐，严重不对称，产销两地供需不匹配，造成价格波动剧烈，反复搬运，损耗严重，导致物流成本巨大
超市	约15%	便捷、卫生、安全	占地面积大，扩张发展难度大，生鲜肉类销量占比有限，商超发展缓慢
其他途径	约15%	—	—

随着互联网等新技术的应用，生鲜流通过程中的业态创新和模式创新越来越多。如我国农产品电商多种模式创新出现，2017 年中国农产品网络零售预计超过 2400 亿元，出现了许多智能生鲜店、无人生鲜体验店（货柜）、智能农贸市场等。如盒马鲜生、超级物种、7F 等；2017 年 4 月，首农集团旗下首农电商宣布推出宅配服务"首农 HELO 宅鲜配"；2017 年 3 月，中粮我买网上线宅配平台"顶英生活"，用会员制模式进军生鲜电商。生鲜电商本来生活已经开通了有机蔬菜和牛奶的宅配业务。此外还有"冷链共同配送""生鲜电商+冷链宅配""中央厨房+食材冷链配送"等模式创新。

4. 生鲜商品流通组织体系不健全，采购渠道建设问题严峻

作为从"农田到餐桌"的关键环节，连锁企业生鲜经营所涉及的链条极为复杂，加之区域消费习惯和观念的差异，导致众多企业在生鲜商品的管理能力和渠道建设方面备受困扰。

与其他品类不同，生鲜采购系统主要分为内采和外采，其中内采实际上就是联营招商和耗材等商品采购，而外采才是生鲜整个采购体系的核心。如何整合基地、农户、网络、批发市场的商品采购资源，信息整合、建立渠道则成为采购的重中之重。除去设备、耗材，仅就生鲜食品本身而言，细分的生鲜商品中根据品类性质不同，其自采、联营的比重也各有差异。

由于受限于供应商、技术、渠道等约束，各个品类配比仍有很大提升

空间。同时，由于目前生鲜产品的自采渠道高度依赖于批发市场，其采购价格和质量的变动频率和幅度都大于百货、非食等商品；而联营商品更多地依靠"租户"自身的专业水平，其质量不稳定现象尤为突出。

5. 生鲜冷链与物流配送体系建设发展较快，创新力度大

生鲜冷链物流是指生鲜在加工、储存、运输和销售等各个环节中，保持其恒定的温度。据国家统计局数据资料，2017 年我国生鲜市场（肉类、水产品、禽蛋、牛奶、蔬菜、水果）规模超过 13 亿吨，达到 13.28 亿吨，冷链交易额市场规模达 4700 亿元。在"618""双 11""年货节"中，在人们的网络消费清单中，生鲜食材所占的比重越来越高，这不仅得益于人们生活水平的提高，更得益于冷链物流的快速发展。2017 年我国农产品冷链物流总额达到 4 万亿元，同比增长 17.6%，占全国物流总额 252.8 万亿元的 1.58%，冷链物流总收入达到 2400 亿元，增长 10%，冷链物流仓达到 1.1937 亿立方米，同比增长 13.7%，约 4775 万吨，同比增长 13.7%，冷藏车预计达到 13.4 万辆，全年增加 1.9 万辆，同比增长 16.5%。

我国生鲜市场的不断扩大带来着冷链新技术、新模式的加速创新。冷链物流对储存、运输以及安全管理控制的要求相对较高，2017 年我国冷链物流在技术层面和模式方面均取得了突破性创新。2017 年我国冷链物流在技术层面上的创新有：产后商品处理技术、屠宰加工环节实现低温控制技术、包装规模化技术、一体化冷链技术、温度监测技术、食品追溯技术、HACCP 技术、3S 技术、生鲜质量等级化技术、上下游企业冷链对接技术、供应链管理技术、食品追溯技术等。与此相适应，涌现出一批知名的生鲜物流企业，如希杰荣庆、上海领先物流、上海海航物流、京东（现也提供一些第三方业务）、菜鸟、顺丰冷运、鲜易供应链、招商美冷、安鲜达、九曳供应链、安家宅配、极客冷链、黑狗物流、快行线、码上配、易流物流、冷联天下等。

然而，我国生鲜流通中还没有广泛采用现代化的物流技术，存在不合理的包装、运输、储存等现象，导致生鲜在流通过程中损耗严重，生鲜的质量和鲜度也得不到可靠的保证。这种情况主要表现在：

（1）冷链物流应用比例小。欧、美、日等发达国家肉禽冷链流通率已经达到100%，蔬菜、水果冷链流通率也达95%以上。目前，我国大多数生鲜的流通仍以常温流通或自然流通形式为主，只有不到20%的生鲜运输车辆采用制冷车辆，而市区蔬菜、水果短途配送的冷藏运输率不足10%[①]。大型超市配送中心的冷链物流配送也仅局限于肉类产品，大部分蔬菜、水果仅通过箱式货车运输。大量的蔬菜、水果在交易过程中很少配备冷藏设施，因此造成大批量交易过程中的生鲜损耗和质量安全问题。

（2）冷链物流基础设施能力不足。近年来，北京市生鲜的储藏设施和规模发展很快，许多批发市场自建了一批冷藏保鲜库，对市场内的商户提供果品冷藏租赁服务，不少个人或企业也自建冷库出租，一些有实力的生鲜经销公司还拥有自己的冷藏库房，但还是远远不能满足生鲜产量和流通的需要。

（3）冷链物流技术应用范围小。生鲜产后的预冷技术和低温环境下的分等级、包装加工等商品化处理手段尚未普及，运输环节的温度控制手段原始粗放，导致流通过程中的损耗居高不下。

（4）冷链物流法律法规体系和标准体系不健全。规范冷链物流各环节市场主体行为的法律法规体系尚未建立，冷链物流各环节的设施、设备、温度控制和操作规范等方面缺少统一标准，信息资源难以实现有效衔接。

6. 技术细化要求高，但缺乏完善的管理标准和管理体系

连锁超市生鲜区生存和发展的立足点在于它在商品品质、价格、环境等方面的独特优势，其管理标准和经营效果的达成有赖于明确、高效、规范的经营管理体系。例如，一般的生鲜区运营涉及原料供应及储存、生产加工和陈列销售三大环节，因此管理标准也相应分解为原材料供应储存标准（基本存量、储存条件、存放及使用标准等）、生产标准（生产、产品质量、生产卫生标准等）和商品销售标准（陈列、质量控制、有效期管理、服务标准等）。

---

① 何忠伟，桂琳，刘芳等. 北京生鲜物流配送业的发展趋势与质量安全 [J]. 北京社会科学，2010（4）：43-47.

生鲜安全监督管理主要涉及农业、卫生、工商、质检、技术监督等众多行政部门。管理部门的多元化致使安全管理职责不清，既有管理重叠问题，也有管理缺位问题，给一些不法分子带来可乘之机，生鲜安全管理难以得到有效保障。一套高水平的经营管理体系需要经过反复多次的修订、培训、检查、指导才能不断完善，进而加以系统化。调查显示，目前60%以上的企业没有相关的标准、流程，而高达83%的企业流程仅停留在非常粗浅的层面，其对职责的约束、效率的提升并没有起到很好的规范作用。

7. 生鲜流通深加工环节薄弱

生鲜含水量高，营养丰富，极易腐烂变质，像西瓜、樱桃、柿子等品种节令性强，成熟期短，难以保存，以上原因导致了这些农产品上市时间集中、价格无法抬高，要解决这一问题，发展流通深加工无疑是一个好办法。把生鲜加工成美观、卫生、方便的食品，可以最大限度地保持生鲜的营养价值、新鲜程度和完好外观，延长其保存期限，提高其附加价值，符合人们生活水平日益提高的需要。

然而，目前我国在生鲜深加工环节还比较薄弱，主要表现在：一是加工品种少。目前规模较大的深加工品种仅限于果蔬汁、酒类、果醋类等几种，涉及的品种单一，加工数量少。二是加工层次低。原料型和初加工型占到了很大比例，而科技含量高、深加工增值型的产品很少，更没有享誉世界的著名品牌。三是加工技术设备水平低。目前我国农产品加工领域技术创新能力比较低，许多硬件需要依靠国外进口。由于技术装备落后、能耗高、资源综合利用低，造成了生鲜资源的极大浪费，也限制了深加工产品质量的提高。

由于缺乏适宜的保鲜技术设备与手段，基础设施薄弱，使得生鲜流通过程的各种损耗非常巨大（如水果、蔬菜的采后损失高达20%~30%，肉类及水产品亦达10%~15%），每年仅生鲜易腐类农产品采后的各种损耗之和高达千亿元；由于缺乏温度立法及食品卫生法规执行不力，导致食物中毒事件不断。生鲜物流不畅和手段的落后，已成为制约中国农业和食品产业发展的瓶颈。

总体来看，我国目前生保鲜加工水平较低，农产品加工量只占总产量的 25%，加工产值只增加 30% 左右，远远达不到发达国家农产品深加工比例占农产品总量为 1:1 的平均水平，导致生鲜产后损失惊人，这对我国农产品出口是一个很大的压力。诸多出口环节上的服务落后，主要表现在农产品的储藏运输设施不足、手段落后；农业市场体制不合理，规章制度不健全；保鲜供应链上各环节存在物流利润和风险不均衡分担分配的问题；生鲜没有形成集产、供、销一体化的链式供应链。这些问题严重影响了农产品出口的效率和质量，降低了我国农产品在国际市场上的竞争力。

8. 传统的交易模式弊端日益显著

我国已初步形成了产地市场、销地市场和集散市场统筹发展，综合市场和专业市场互补互进，以大中城市为核心，遍布城乡的多层次、多元化的市场流通格局①。在市场经济条件下，我国农产品批发市场在整个农产品流通体系中处于中心地位，是连接亿万小规模生产者与消费者的重要桥梁，是商流、物流、信息流的集散中心，并承担着农产品集中、分散和价格形成功能。在促进农业生产商品化、专业化、规模化、区域化、标准化和农产品大市场、大流通格局的形成，以及在引导农民调整农业结构、实现增产增收和保障城镇居民的"菜篮子""米袋子"供应等方面，我国农产品批发市场发挥着不可替代的重要作用，农产品批发市场在农产品流通体系中仍将发挥重要的中枢作用。

现在我国农产品批发市场承担着近 70% 以上的农副产品流通任务，而由农业部与商务部共同开展的鲜活农产品"绿色通道"已达 4.5 万公里，贯通全国 31 个省（区、市），连通了全国 29 个省会城市，71 个地市级城市，为鲜活农产品跨区域长途运输提供了快速和便捷的主通道。随着新型交易方式和流通业态蓬勃兴起，连锁经营和物流配送快速发展，超市经营逐渐成为大中城市的农产品重要零售渠道，一些大中城市农产品超市销售量已占到当地农产品零售总量的 20% 以上。

---

① 中国农产品流通行业现状调研及发展前景分析报告（2015~2020 年）。

同时，信用系统、结算支付系统和验货配送系统的建立健全，使农产品电子商务正在从网上沟通信息与洽谈、网下验货成交与支付的初级形态，向网上交易支付的高级形态发展。农业部与商务部共同开展了鲜活农产品"超市+基地"的流通模式试点，引导大型连锁超市直接与鲜活农产品产地的农民专业合作社产销对接，进一步促进了农产品的流通和销售。

但是，目前我国的生鲜交易方式绝大多数仍是"看货—谈价—挑选—购买"的原始交易方式，实施拍卖交易、期货交易、大宗电子远期交易等现代交易方式的流通主体凤毛麟角。拍卖交易具有透明度高、可信度强等明显优势，可仅有新发地农产品批发市场等少数批发市场开始推广这种较为先进的交易方式。农产品期货具有价格发现功能，有利于政府、企业和农民较准确地把握市场供求状况，能起到稳定生鲜的现货价格作用，但目前来说采用的流通主体不多。此外，随着农产品流通网络化的发展，农产品电子交易逐步兴起，但所占比例很低。

流通渠道杂乱导致溯源困难。流通渠道多且杂乱，生鲜从生产者到达消费者手中会经过很多条流通渠道，最长的渠道会经过产地收购、产地一级批发、产地二级批发、运输、销地批发、零售六个环节。其他的流通渠道即是从其中选出几个环节形成，各个流通渠道相互交错，使消费者甚至渠道成员都难以判断产品的来源，一旦产品出现问题，根本无法找到源头。

流通费用高、效益低。交易费用的大小与流通环节的多寡成正比，流通环节越多，交易成本越高，效益越低下。生鲜从生产者到达消费者，一般都要经过几个环节：产地批发、运输、销地批发、零售等，在每个环节都有相应的交易成本，造成生鲜到消费者手中时，价格上涨了不少，有时甚至是数倍。此外，生鲜要进入超市进行销售，都必须支付给超市零售商一定额度的进场费，而这部分费用占整个销售额的比重通常高达20%左右。因此，大量流通费用的存在阻碍了生鲜的流通。

9. 专业人才匮乏、专业化培训体系不到位

在"缺人"已成为行业长久的普遍现象时，对专业性、技能性有着更

高要求的生鲜，其人才匮乏程度更为严重。目前我国生鲜产品的交易主体主要为零散农户和个体经营商户，受教育程度普遍不高，缺乏生鲜流通操作专业技能培训，缺乏规范化、标准化的物流意识。据统计，目前生鲜领域初、中、高级人才均极为匮乏，一线技工、生鲜经理到采购、配送、营销等都缺口严重，其中企业对一线技工类岗位更为渴求。

在这一行业背景下，企业的人才培养、培训体系建设成为解决人才瓶颈的首选渠道，整个行业同样急需专业化的生鲜经营人才，通过规范的生鲜经营来降低生鲜产品流通环节的损耗，确保低损耗率。① 但由于一线技术人员缺口大、流动性高，且众多一线实操技术过度依赖于个人"经验"，难以形成系统的标准化流程等，多种原因导致企业培训体系建设滞后，或起不到相应作用。

三、生鲜需求与生鲜消费

1. 中国特色的美食文化与生鲜消费需求

在中国的饮食消费文化中，对"生鲜"有着独特的理解和追求。中国南方的许多地方，尤其是广东、广西、福建、海南等省，由于地处温热带，长年高温，在自然常态或缺少保鲜设施的条件下，许多食物容易腐烂变质，于是人们习惯性地在消费中特别注意餐饮食品的"新鲜度"，以防不小心吃了腐烂的食物而生病，同时也通过食用新鲜的食物而保持健康。很多南方人擅长煲汤，当经过几个小时甚至几天几夜，将汤煲好后，人们对汤的好坏质量评价与北方人有很大差异，他们的第一反应不是"真香"或者"真好吃"，而往往是一个字"鲜"。不少南方的大妈们可以根据长期的生活经验对各种食物或食材的新鲜度进行感官性评估，甚至一眼就能识别出不同的食物或食材是否通过保鲜技术或伪装后而达到的"看上去"很新鲜的效果。

中国人有着几千年的农耕文化，对食物与季节的关系相当熟悉，因

---

① 2018 年生鲜行业研究报告 [J]. 前瞻产业研究院，2018-12-03.

此，人们吃东西的时候常常不自觉地强调"季节"，如季节水果、季节蔬菜、季节海鲜。中国对海产品的判断更是直接而简单，就叫"海鲜"，而新兴的保险而讲究季节，比如西瓜或者荔枝尽管可能通过保鲜技术跨季甚至跨年保存，但是人们还是更愿意吃当季产生的新鲜水果或蔬菜，不到吃西瓜的季节，人们还是不愿意吃西瓜，不到水蜜桃成熟的季节一般也不会主动去买水蜜桃。更主要的是，由于中国幅员辽阔，人口多，地理气候差异大，自身就有丰富的新鲜水果、蔬菜、畜牧及水产品，有足够大的市场容量、生产规模和选择空间，从而也为"生鲜"的普及提供了可能。否则，由于自身农产品品种少、规模小，不得不依赖进口或外来食物或食材，自然就谈不上对"生鲜"的追求，甚至在我国的东北、西北等地区都是这种情况。

很多中国人对水果、蔬菜等食物食材的"新鲜度"评价细化到了"季节"，即是否当季生产或消费。农产品流通现代化进程中，大量的保鲜技术应用于从采摘到冷链的各个环节，为了食品安全，有可能损害了"新鲜"，实际上为了长期储存、运输而分拣的标准化等需要，许多食物或食材经常不得不在未达到食用的"成熟度"时提前采摘，因为一旦成熟就容易"坏"，但这样处理的结果，往往就是不"新鲜"，因为过早采摘也是一种对传统意义"新鲜"的损害。

可以说，饮食文化是中西文化比较中最突出的一部分。欧美人的餐饮文化是实用主义，注重营养和健康，牛奶、牛肉等，结构简单，而大多数中国人更注重餐饮过程中对食物或食材的"色、香、味"的关注，味道中就更强调"新鲜"，正因如此，"生鲜"对于中国农产品流通尤其是中国消费市场及相关产业的发展具有独特的意义。

2. 国外生鲜消费方式的新动向

近年来，由于生鲜食品经营在连锁超市集团越来越得到重视，在生鲜食品生产、零售流通和消费市场互动作用下，生鲜食品消费方式、消费热点和市场份额等正在发生一系列的变化。

（1）生鲜食品消费形式正在发生变化。自 20 世纪 90 年代开始，国外根据消费中的餐食加工者和用餐者、加工地点和用餐地点的不同，将生鲜食品消费形态细分为：

一是内食。主要指传统餐食加工消费方式，主厨和用餐者都是消费者家庭成员，做饭的厨房和用餐地点也是在家里，外购做饭所需的原材料，但整个餐食加工和消费过程是在家庭中完成的。

二是外食。主要指在外用餐形式，主厨者以及厨房和用餐地点都在消费者家庭以外，整个加工和消费是在家庭以外的餐馆完成的，用餐者则有多种组合方式。

三是中食。这是近年逐渐流行的用餐方式，其加工者和加工地点是在家庭以外的加工场或者超市完成，消费者则以家庭成员为主，用餐地点可以在家里也可以不在家里。

（2）新兴生鲜消费方式的兴起。随着经济的发展和消费观念的改变，为了减少餐食消费中耗费的时间，美国 20 世纪 90 年代"家庭替代餐"（Home Meal Replacement，HMR）的兴起，同时"中食"方式也在日本逐步发展，使得第三种生鲜食品的消费方式得到充分发展，微波炉的出现和市场普及推动了生鲜消费方式的多样化，针对消费需求推演出几种不同类型的生鲜食品和消费方式：

一是各种即食类食品（Ready to Eat，RTE），如超市中的披萨饼、面包和快餐；

二是各种冷冻冷藏食品（Ready to Heat，RTH），如汉堡包；

三是加工调理食品（Ready to Cook，RTC），如调味肉扒饭；

四是加工净菜和半成品配菜（Ready to Prepare，RTP）。

这类生鲜食品的产生和市场发展，迎合了消费者饮食结构合理以及省时省力的需求，也为同一时期国外连锁超市生鲜经营快速发展奠定了市场基础，它是家庭劳动社会化的体现和价值分工转移过程。

（3）消费者成为生鲜食品市场的主导。据安永咨询公司有关调查发现，零售环节的食品经营规模越来越大（作为当今超市最主要的经营对象，食品一般都占超市营业额的 30%~40% 以上），在未来市场中消费者的影响力将会更为强大。生鲜食品经营方式变化能够客观地反映这种影响力。

在美国20世纪50年代初期，超市是以延长营业时间，提供尽可能丰富的食品品种，为消费者提供更多选择来吸引顾客，方便其购买。若干年后，随着人们工作和生活节奏的加快，仅靠这些服务已远远不够，所以超市开始增加加工烹制好的熟食制品，并不断改进和完善，使之更适合于大众消费方式。久而久之，消费者开始普遍反映这类制成品不够新鲜，口感差，品种更新慢。根据这种情况，超市又推出了适应消费者自身口味特点的半成品。它只需要消费者买回家中自己进行简单加工，便可施展自身烹饪技术，制作出适合自己口味餐食，既可以节省消费者时间，又能最大限度地保持食品的新鲜感。

由此可见，在这个开放性较强的食品市场，消费方式的调整和变化都极大地影响生鲜食品经营及产业发展方向，而生鲜经营者的创新努力和业绩增长，又会刺激带动消费需求的提高。在这种互动变化过程中，每一个相关企业都有市场机会，但并不是每个企业都能够及时准确地把握，并从中获取市场份额的，只有准确地掌握消费者需求信息并能做出积极反应的企业，才能成为市场的强者。

（4）生鲜食品市场上品牌的公信作用日趋重要。由于生鲜食品与消费者的日常生活息息相关，对于大食品产业体系中的农产品生产、食品加工和零售流通各个环节，建立起与顾客之间的相互信赖关系将成为保持企业长期不衰的关键之一，而顾客是用自己的钱包来给各个品牌投票和打分，消费者正在以不可预知的力量和消费需求中塑造着一个个有号召力的品牌。

在这个产业链条上，零售企业由于其直接面对消费者的天然优势，使得零售品牌成为这种信赖关系的集中体现，并以此帮助顾客向更有效消费的"代言人"角色转移，零售品牌的塑造也使零售企业积累了向上游整合供应商资源的筹码，但并不是每一个企业都能够发挥好这个"代言"作用的。

3. 消费升级与生鲜消费选择的影响因素

随着收入水平的提高，居民生活水平进一步改善，中国居民的饮食需求正在加速从基础需求向更高层次升级。随着国民收入的不断提高，中国消费者对"吃"的东西要求更好。在消费升级过程中，影响生鲜消费的主要因素有以下五项：

（1）品质。多次食品安全信任危机后，中国消费者更加关心食品的成分，并愿意花更多的钱购买不含不良成分的食物，对消费来源可追溯、生产过程透明的食品和食品企业更加信任。

（2）营养。饮食需求的升级还表现在消费者需求的精细化，消费者开始注重根据自身条件选择对于自己而言营养均衡的食品。消费者对食品营养的要求越来越挑剔，脂肪含量低、蛋白质含量更高的牛羊肉销量抬头。国人肉类饮食结构仍然以猪肉为主，但居民人均牛羊肉消费量占猪牛羊肉消费总量的比例已有所提升，这一消费趋势在线上体现得更为明显，线上牛羊肉销售迅猛增长。富含优质蛋白质的水产品销量走高，其中远离污染、自然生长的深海海鲜则更受消费者的偏爱。

（3）多样。消费者不再满足大众商品，他们喜爱尝鲜，需求也越发精细。因此，他们更愿意光顾能够提供更多样，更新潮食品的商店或电商。生鲜消费的多样化，更体现在对进口生鲜的选择上。作为全球美食家，消费者对进口生鲜产品的需求日益增加；水产品、水果和肉禽产品是最主流的进口品类。消费者越来越习惯通过线上网站购买进口生鲜；水果、水产品、肉禽产品的线上进口率增长明显。生鲜进口国数量快速增长，来自更多国家的进口生鲜产品被加入国民菜篮。近年来更多小而美的产品出现在市场上以满足消费者丰富多样的需求，市场呈现百花齐放之势。生鲜进口国数量快速增长，目前已近乎遍布世界各地，主要进口国市场份额下降，市场更加多元化。

（4）方便。在快节奏的社会中，便捷成为食品解决方案中不可或缺的需求元素。作为食品消费的主要途径，国人餐桌也正在经历需求升级，这一升级集中体现于生鲜品类，"鲜"成为餐桌消费升级的核心主题，相较于过去，更多生鲜产品出现在了国人的餐桌上。消费者对于肉类、蔬菜等生活必需品类的消费频次在不同城市级别差异不大，而对于水果、熟食等由生活方式所推动的生鲜品类，消费频次随城市级别的降低而呈阶梯递减趋势。在大城市中，生鲜电商及传统线下生鲜零售商可利用消费者对便利性的追求推动此类产品的线上销量，但烘焙、熟食类产品仍较为局限于线下销售，线下零售商应抓住这一机会进行客流量竞争。此外，线上生鲜零售还未完全打开小城市的市场，线下零售商应尽快在这些地区提供更优质的产品及服务，满足消费者对此类产品的需求，抢占市场。

（5）品牌。目前，我国餐桌消费品牌化进程加快，消费者愿意为有品牌的生鲜产品买单，相较于粮油米面，生鲜品类还处于品牌化进程的初期，传统市场存在大量无品牌产品（白牌）。但随着消费者对品质要求的提高，有品牌背书的生鲜商品快速赢得消费者的青睐，品牌商品线上销售额占比提升。消费者愿意付出更高的溢价去购买有品牌的生鲜商品，品牌商品也不负众望得到了更多好评，具有品控、整合和优化能力的生鲜品牌让消费者看得到并买得到真正优质的产品。

4. 我国生鲜消费的基本现状

2017年1月5日，第一财经商业数据中心（CBN Data）联合天猫发布《2017中国家庭餐桌消费潮流报告》（以下简称《报告》），详解国民的最新餐桌消费趋势。《报告》基于阿里巴巴大数据，显示中国消费者越来越愿意为质量可控、营养均衡、丰富多样和加工便捷的食材埋单，"鲜"成为餐桌消费升级的核心主题。作为最懂吃的一群人，中国消费者对进口生鲜产品的需求日益增加，其中，水产品、水果和肉禽产品是最主流的进口品类，增长明显。

《报告》显示，随着消费者对品质要求的提高，有品牌背书的生鲜商品快速赢得消费者的青睐，品牌商品线上销售额占比提升，2014~2016年，线上品牌生鲜销售额占生鲜销售总额比例从34.6%上升到60.5%。究其原因，消费者越来越看重的是品牌所保障的生鲜品质，产地环境、生产生长采摘周期、饲料/肥料状况、生产加工技术、分拣质控标准、运输时效、卖家对生产源头的控制能力都是消费者所关注的新品质维度。

在品牌保证之余，营养成分也成为消费者选择生鲜的标准之一。《报告》显示，蛋白质含量更高的牛羊肉和水产品的销量逐渐提升显著，其中，从 2013 年到 2016 年，线上牛肉生鲜销售额增长超过 6 倍。作为全球美食家，2016 年中国消费者已经吃遍全球。《报告》显示，消费者对进口生鲜产品的需求日益增加。水产品、水果和肉禽产品是最主流的进口品类，其中，新西兰奇异果、泰国榴莲、智利车厘子、越南芒果是 2016 年的明星产品，泰国、智利、新西兰、越南也成为线上进口水果的主要来源国；加拿大、阿根廷、丹麦是线上进口水产品的主要来源国，波士顿龙虾、新西兰长寿鱼、智利帝王蟹是 2016 年明星产品；澳大利亚和新西兰是进口肉禽产品的主要来源国，其中，水产品的"洋化"尤为明显，以进口虾为例，俄罗斯甜虾、厄瓜多尔白虾、越南黑虎虾、加拿大甜虾、阿根廷红虾等多种品类供消费者选择，其中，阿根廷红虾最受欢迎，2014~2016年线上成交额增长超 6 倍，越南黑虎虾则成后起之秀，增幅迅速。此外，更多小而美生鲜产品满足消费者的个性化需求。一些原本生鲜出口份额较小的国家正在通过其特色产品迅速打开中国市场，如突尼斯红石榴、波兰火鸡、以色列西柚、拉脱维亚鱼类制品等。

哪里的人吃得最"鲜"？《报告》显示，一线城市在生鲜消费上表现出了强势的消费力，上海、北京分列全国各地区家庭餐桌生鲜消费力排行榜的前两位，浙江、江苏、广东三省紧追其后，而西部内陆省份居民的生鲜消费习惯有待养成，青海、新疆、西藏三省位列生鲜消费排行榜后三位，西藏排名最后。

虽然都爱吃生鲜，但各个地区消费者偏好的生鲜品类不尽相同。《报告》显示，北京人民热爱冻虾、生牛肉和海鲜鱼类，上海人对三文鱼的爱名不虚传，排在其生鲜购买清单前三位的品类是喜蛋、三文鱼和生猪肉。吃功深厚的广东人则对鱼胶、苹果、车厘子爱不释口，另外，腌制泡菜也是他们的爱。

5. 我国生鲜消费方式的变化趋势

随着中国生产增长和整个经济发展水平的提高，带来了城镇居民收入水平的提高和食品消费结构的变化：食品在整个消费品支出中的所占比重，即"恩格尔系数"逐年降低，2018 年我国居民恩格尔系数为 28.4%，比上年下降 0.9 个百分点，并呈现出多元化、结构性替代的趋势①。

我国城乡居民的食物类消费结构出现显著改善，生鲜消费方式主要表现为以下几个方面：

（1）食品消费正处于转型阶段。我国经济发展使居民食品消费产生了结构性变化，首先是粮食消费量下降明显，其中细粮消费量降低，粗粮消费量增加，主食的花色品种呈现出多样化和成品化；其次是动物性食品的消费量明显提高，其中猪肉的消费量略有下降，牛羊肉、水产品、禽肉和蛋奶的消费量明显提高，牛奶已成为许多家庭餐桌上不可缺少的食物，食品结构变得更富营养、更为合理；最后是用于烟、酒、饮料、干鲜瓜果等奢侈品的消费支出明显增加。

（2）追求食品口味的多样化。食品风味和饮食习惯可捕捉到未来食品的流行特征。多数消费者在食品风味上喜欢尝鲜和创新，所以对于外来民族菜肴的风味比较感兴趣，但会保持原有的基本饮食习惯。

另外，鲜活食品中新鲜的天然食品会更受人们的关注，蔬菜和水果作为鲜活食品的主流将受推崇，因为含有基本营养成分的食品有益于健康和减少疾病，所以新鲜的鱼、西红柿、大蒜、燕麦麸、青豆、橄榄油、酸奶、土豆和黄豆制品等会更受欢迎。

根据前瞻产业研究院公布的数据显示，在消费品类上，88% 的消费者最经常购买的生鲜品类为水果，且每周购买频次在 2~3 次；蔬菜和肉禽蛋分别为第二和第三受欢迎的品类，且消费者的购买频次亦保持在每周 2~3 次或以上；22% 的生鲜消费者最常购买的生鲜品类为水产品，购买频次亦不低。

进口水果、进口水产海鲜、澳洲牛羊肉，依然是生鲜电商的主打产

① 许雯. 2018 年全国居民消费升级 恩格尔系数较上年下降 ［N］. 新京报, 2019-01-21.

品，因为这些进口生鲜品质高且稳定、标准化程度也高，这类产品2016年的增长率为50%～100%。

国产农产品的比重在逐年增多。褚橙的成功有着很好的示范作用，从业者看到了优质农产品品牌化的力量，看到了国产水果也可以卖出跟进口水果一样高的价格。

褚橙之后，天天果园推出橙先生、农夫山泉推出17.5°橙，还有天下星农孵化的实赣派等也都在走品牌化的道路。很明显，橙子的品牌化在中国比其他水果领先一步。

（3）加工食品方便化受到追捧。由于中国妇女多是家庭主要的食品采购者和厨房主导者，在中国妇女高就业率的社会环境下，能够减少一日三餐的准备与烹煮时间，避免枯燥的家务杂事，自然成为购买生鲜食品的主要准则。消费者追求方便的趋势，使得各类加工食品不断涌现，商场和超市的净菜、方便主食、速冻食品、加工食品、加工成半成品的三餐食品的需求持续增长，中国的"厨房工程"出现和发展也是家庭代替餐（HMR）消费需求的市场表现，它会推动国内生鲜初级产品加工成本社会化，也会为农产品增值创造巨大消费空间。

由于生活和工作节奏的加快，现代人用餐不再拘于时间和次数，有些人一天用餐三次，也有许多人只在中午吃一次主餐，其余的用小吃代替。在办公室吃早餐和从家带早餐的人数成倍增加，用微波炉加热，这为各种烘烤点心和配餐食品的销售注入新的活力。这是享受生活，用餐简单化的结果，食品消费方式反映出生活形态的改变。

（4）消费渠道的多样性。《2018年生鲜行业研究报告》显示，目前，生鲜超市、农贸市场和线上电商平台是生鲜消费者主要消费渠道，占比分别为33.33%、24.9%和18.39%；从消费者年龄分布来看，生鲜超市、线上电商和社区便利店等新兴渠道皆为年轻消费者居多，其中，生鲜超市消费渠道中，25岁以下年轻人占比最多，达到77.42%。① 随着"95后""00

---

① 2018年生鲜行业研究报告 [R]. 前瞻研究院，2018-12-03.

后"逐渐走上消费舞台，未来生鲜产品的消费渠道会更加线上化、网络化、多样化。

（5）在外就餐和送餐服务越来越多。近年来，中国人均在外用餐次数和金额正明显增长，这种消费方式属于家庭消费社会化的规律使然，在未来还将保持一定增幅。与此同时，送餐服务和街头快餐食品（手抓食品）也会有所发展，当今社会的快节奏将孕育产生新一代街头食品，保温和口味较好，方便快捷的手抓食品如三明治、汉堡包和时尚烤面包等，会越来越容易在街头商店、手推车、书报亭内买到。

（6）生鲜消费将保持快速增长。从国际经验看，在年人均收入到达8000美元以后，国民的食品支出结构将会发生巨大变化，目前，我国的人均国民收入正处于这个阶段，居民首先在食品的数量上得到满足，其次对口味、品质、营养和品种提出更高的要求，正从追求数量向追求质量、营养、多样、方便和安全的时尚转化。它要求我们今后的传统食品要现代化，保健食品要大众化、上餐桌，三餐食品要工厂化、商品性消费，这是未来的发展趋势。

6. 生鲜消费市场与生鲜消费人群

传统市场、现代商超和生鲜电商是消费者购买生鲜产品的三大渠道。近年来，生鲜电商高速发展，市场规模不断扩大，成为农产品零售渠道的一颗新星。

在城镇消费者中，水果、水产和肉类的线上消费金额占比已达到两位数左右；生鲜电商已具备不可小觑的行业影响力。通过缩短产业链，联通供需两端信息流和产品流，协调生鲜产品的加工、仓储和配送，生鲜电商弥补了线下生鲜的渠道短板，展现出其特有的竞争优势。

据预测，到2020年，中国的生鲜消费市场仍将以线下为主，占据75%~85%的市场份额。生鲜品类在线上的起步较晚但增长势头迅猛。2012~2016年，生鲜电商市场从40亿元人民币猛增至950亿元人民币。目前，7%的城镇生鲜消费已经发生在线上，我们根据市场不同的消费动力以及供给面的可能发展，预计线上生鲜消费将会继续保持增长动能，并在

2020 年占城镇生鲜总消费的 15%~25%。这种增长势头意味着新兴生鲜电商及传统的线下生鲜零售商都必须思考如何抓住这一发展机遇①。

从趋势上看，目前有三大消费力量正在推动生鲜在线上的增长。

（1）上层中产和富裕消费者。到 2020 年，上层中产及富裕消费者将贡献 63% 的生鲜线上消费增量②。实际上，生鲜网购的渗透率与消费者的收入成正比。32% 的上层中产及富裕阶层生鲜消费者在线上购买生鲜，而这一比例在新兴中产阶层消费者③中仅有 16%。与此同时，上层中产阶层及富裕家庭占城镇家庭总数的比例将从 2015 年的 17% 上升至 2020 年的 30%，带动整体线上生鲜购买渗透率。

（2）新时代消费者。从未在线上购买生鲜产品的消费者平均年龄为 45 岁，而经常光顾生鲜电商的消费者平均年龄为 31 岁，比纯线下生鲜购买者年轻了整整一轮还多。显而易见，新时代消费者（即"80 后""90 后"）的生鲜消费行为已和上个时代完全不同了，同时新世代消费者占城镇消费者的比例将由 2015 年的 45% 增长至 2020 年的 53%。

（3）经验丰富的网购者。消费者通常通过风险系数较低的品类开始网购，随着经验的积累而逐步扩大网购品类的范畴。当消费者网购年限达到 5 年时，将开始大幅网购生鲜。这些经验丰富的网购者线上生鲜消费金额是经验欠丰富消费者的 3.4 倍，且其线上生鲜消费金额占比达 32%。随着近年来中国电商的高速发展，经验丰富的网购者快速增长，预计到 2020 年过半的网购者（54%）都将成为具有丰富网购经验的消费者。

据阿里研究院预测，到 2020 年，线上消费占生鲜总消费的比例将从目前的 7% 增长到 15%。这意味着生鲜电商市场规模将达到 3470 亿元人民币，近 30% 的城镇家庭将通过线上渠道购买生鲜产品。

与发达国家相比，中国消费者对线下生鲜零售的满意度较低，而中国的生鲜电商满足了消费者部分未满足的需求。线上生鲜渠道的满意度达

---

① 波士顿咨询，阿里研究院，中国生鲜消费趋势报告——新时代生鲜市场制胜之道。
② 上层中产及富裕消费者=可支配家庭年收入为 24001 美元至 46000 美元。
③ 新兴中产阶层消费者=可支配家庭年收入为 10001 美元至 16000 美元。

24%，高出线下渠道7%。价格并非消费者网购生鲜的唯一动因，丰富的产品种类以及便利性也推动着线上生鲜消费。

与此同时，消费升级主要由年轻人引领。阿里零售平台生鲜数据显示，18~30岁消费者线上生鲜单位购买价格在2015年增长超过40%，高于45岁以上的24%年增长率。在线下，年轻消费者同样是生鲜消费升级的引导者。生鲜消费者不仅仅追求购买更优质的产品，他们同时要求更专业、值得信赖的产品和服务以及创新的生活解决方案。

除了生鲜消费的购买人群和偏好，掌握消费者如何购买生鲜对商家而言也是意义重大。以消费者构思菜品是所接触的信息渠道来看，消费者触点越发多样，且线下和线下激发渠道数量不分轩轾，基本各占一半。从年龄和收入上看，年轻和较富裕的消费者的信息触点更多。信息触点越多的消费者渠道满意度也往往更高。

据阿里研究院调研，中国消费者通过高频次购买生鲜来保证产品的新鲜度，36%的受访者表示他们每周购买新鲜蔬菜的次数超过3次，而每周1次及以下的受访者比例只有22%，但消费者购买渠道越来越多，一站式购买越来越不受到欢迎。消费者购买生鲜的平均渠道数量高达4.1个。生鲜电商凭借更多样化的产品选择、更好的质量等，驱动了消费者增加生鲜购买频次，其中重度生鲜网购者每周线上购买蔬菜达3次，是非重度生鲜网购者的2.7倍。

高频次的生鲜购买也常常引领零售的协同效应。平均有60%的消费者表示在上一次购买生鲜产品时也交叉购买了其他零售产品，这种协同效应对包装食品饮料、日用杂品、个人及家庭清洁用品等品类的产品尤其显著。

综上所述，对于消费品企业来说，过去单一渠道的战略可能越来越无法满足消费者的需求，建立全渠道能力已经成为大势所趋。而对于零售商，充分发挥生鲜产品的引流能力，产生零售协同效应是他们的当务之急。

资料三

生鲜消费的主力军

据前瞻产业研究院 2018 年底发布的《2018～2023 年中国生鲜电商行业解决方案与投资策略规划报告》显示，我国中产阶级家庭年轻"宝妈"为生鲜消费主力军。

根据调研数据，生鲜消费人群以 35 岁以下消费者为主，占比达到 72.2%；其中 25 岁以下消费者占比达到 24.6%，25～34 岁消费人群占比达到 47.62%。消费群体年轻化的特征较为明显。

从消费者经济水平来看，大多数生鲜消费者属于"中产阶级"。根据消费者个人月收入数据，个人消费者月收入在 5000 元以上居多，占 75.4%；其中月收入在 5001～10000 元的消费者占比最大，达到 48.41%。

此外，结合消费者性别分布数据和消费者婚姻分布情况来看，可发现女性用户和已婚已育的用户占比较高。综合来看，中产阶级家庭年轻"宝妈"为生鲜消费主力军。

生鲜作为高频刚需的居民日常消耗品，生鲜产品消费频次较高。根据调研数据显示，每周 2～3 次为居民购买生鲜最常见的消费频次，占比 30.95%；其次为每周 1 次，占比 24.6%。从每笔消费金额来看，消费者每笔订单的金额大多在百元以内，其中 44.44% 的消费者平均每笔订单的金额在 51～100 元，30.16% 的消费者平均每笔订单的金额在 0～50 元。

在生鲜八大类产品中（水果、蔬菜、肉品、水产、干货、日配、熟食、糕点），水果为最受欢迎的生鲜品类，约 88% 的消费者经常购买，且每周购买频次在 2～3 次；蔬菜和肉禽蛋分别为第二和第三受欢迎的品类，且消费者的购买频次亦保持在每周 2～3 次或以上。22% 的生鲜消费者最常购买的生鲜品类为水产品，购买频次亦不低。

　　目前，生鲜行业消费渠道主要包括农贸市场（传统渠道）、生鲜超市、线上电商平台和社区便利店等。根据调研结果，生鲜超市成为我国消费者最主要的购买渠道，其次为农贸市场和线上电商平台，其占比分别为 33.33%、24.90% 和 18.39%。

　　资料来源：https://t.qianzhan.com/caijing/detail/181108-8367d860.html。

第三节　生鲜流通模式

　　生鲜流通体系的构成和运行，由于受不同条件、动机和能力的影响，形成了不同的模式。这些模式可以分为两大类：一是基于商家和商流的生鲜流通模式，二是基于物流与供应链企业的生鲜流通模式。这两大类模式统称为生鲜流通模式。

一、基于商流的生鲜流通模式

　　模式是人们在生产生活实践当中经过积累经验的抽象和升华，简言之，就是一件事情在一遍又一遍不断重复出现的情况下所发现和抽象出来的规则。有学者将农产品流通模式定义为农产品从农户流向消费者的这个过程所采取的流通方式或者组织方式，所涉及的内容包括流通渠道、参与主体之间的关系、所使用的流通手段等[①]。本书将生鲜流通模式定义为生鲜农产品从农户向消费者流通过程中流通主体、流通客体、流通机制及方式以某种组合形式来完成生鲜农产品的流通，从而促进生鲜农产品或服务实体流转以及所有权转移的方式[②]。

[①]　王潇芳. 我国农产品流通模式创新探究 [D]. 四川师范大学硕士学位论文，2012.
[②]　李琳. 鲜活农产品流通模式与流通效率研究 [D]. 中国海洋大学博士学位论文，2011.

我国于 1985 年启动农产品流通体制改革，农产品生产量和品种迅速增加，产销区域范围不断扩大。为了解决农产品跨区域流通的难题，很多产地批发市场依托农村的集市贸易发展起来，批发市场逐渐成为农产品流通的主渠道。以批发市场为中心的鲜活农产品流通模式一般是经过三级市场体系，即产地批发市场、销地批发市场、农贸市场。

进入 20 世纪 90 年代，大型连锁超市开始出现并快速发展，超市在鲜活农产品销售中的地位和作用逐渐增强，通过超市销售的鲜活农产品数量不断增加。2002 年我国开始试行"农改超"，直接催化了生鲜超市这一新型渠道终端的兴起。[①] 现阶段，产销衔接改革已经成为我国鲜活农产品流通模式创新的重点，"农超对接"、电子商务、城市配送等新兴流通模式快速发展，传统的批发市场也在规模化、专业化、信息化等方面不断升级，积极拓展面向零售终端的配送业务，以多渠道流通为特点的鲜活农产品大流通格局已经形成。[②]

根据生鲜商品流动的渠道流向，以及渠道的结构特点，将我国较为主流的生鲜流通模式分为以下四种[③]：

1. 以农业专业合作社为主体的流通模式

农业专业合作社是一种新型的农民组织，在日本较为发达。农业专业合作社可以将农户组织起来，购买和共享农业生产中所需的设备工具，为合作社成员联系下游农产品加工公司进行统一销售，从而提高农户的市场地位及意识，降低市场风险。合作组织的作用相当于在公司和农户之间加了一个中转器，农户和公司并不直接联系，而是通过合作组织进行交易。发展良好的农业专业合作社可以实现农业生产的规模经济，同时提高农户的议价能力，有益于农业上下游之间的协作。

---

① 张赞，张亚军. 我国农产品流通渠道终端变革路径分析 [J]. 现代经济探讨，2011 (5)：71-75.

② 刘刚. 鲜活农产品流通模式演变、动因及发展趋势研究 [J]. 农业经济，2015 (1)：119-120.

③ 李京京，康星宇，杨硕. 我国生鲜农产品流通发展模式选择 [J]. 商业经济研究，2015 (13)：14-15.

2. 以加工型企业为主体的流通模式

这种模式的主导者为生鲜农产品加工型企业，流通模式为企业从农户购买生鲜农产品，对其加工后进行直销或者批发销售。在这种模式下生鲜农产品这种产销一体化的模式也可以较好地保证生鲜农产品流通所需的物流条件，提高物流效率。同时，在该模式下，农户具有较低的市场风险。然而，这种模式下进行流通的是已经经过加工的生鲜农产品，因此其局限是显而易见的。

3. 以批发市场和连锁超市为主体的流通模式

这种模式的主导者为连锁超市，该模式下农产品聚集在农产品批发市场，连锁超市在批发市场统一购买生鲜农产品，经由自主建立的农产品物流配送体系配送到各个门店或市场，最后到达消费者手中。

批发市场是作为农产品公共交易平台存在的，较好地反映了市场的供需情况，在提高生鲜农产品的质量方面有良好的效果。由于大部分批发市场是由政府支持建立的，因此往往具有较好的支持性服务和监督管理。另外，在流通环节，连锁超市往往具有较为完善的生鲜物流配送体系和设施，同时通过多个门店共用库存和配送中心的方式，可以加快商品周转，减少生鲜农产品流通的损耗。

在电子化管理方面，生鲜农产品尚缺乏统一的数据库和电子交易平台。若能建立规范的物流、信息、销售数据库平台，则可以显著提高"批发市场 +连锁超市"型的物流流通模式效率。

4. 以第三方物流企业为主体的流通模式

这种模式的主导者为第三方物流企业，它们一方面与农协、农业生产企业等签订协议；另一方面同客户建立长期稳定的供货合同关系，在生鲜农产品流通过程中不从事直接的生产和销售活动，而是提供高效、安全的物流服务。这种模式可实现完善的供应链管理，合理配置资源，对于企业来说，节省了搜寻成本，对农户来说，保证了销售部分。同时，第三方物流模式能够提供专业的冷链物流设施和管理，在生鲜农产品物流服务方面具有最好的效果。

二、基于物流的生鲜流通模式

与商流相对应，我国目前生鲜物流模式基本上就是指其冷链物流模式。从现状来看，我国现有的农产品冷链物流工作模式通常包括批发市场主导的农产品冷链物流模式、以连锁超市为中心的农产品冷链物流模式、以农产品加工企业为中心的农产品冷链物流模式、以农产品生产企业为中心的农产品冷链物流模式和以第三方物流为中心的农产品冷链物流模式等（见表1-3）[①]。

表1-3 我国目前主要的农产品冷链物流模式对比

模式	农产品来源	获取途径	优势	不足
以批发市场为中心	农户和批发商	农贸市场、餐饮店等	有助于规模化管理，扩大了农产品的流通范围	流通效率低，信息共享性差
以连锁超市为中心	农户	连锁超市	对消费者需求反应速度快；信息化水平高；流通环节少，产品质量有保证	对超市资质要求高，需要有一定数量的门店为资本进行议价；需要自建物流配送体系
以农产品加工企业为中心	农户	零售商	提高农产品的附加值；有利于农产品供应链的整合；降低流通成本	缺少自己的生产基地，受市场波动影响较大
以农产品生产组织为中心	生产基地	经销商	交易次数降低，交易成本下降	缺乏足够的制约，无法保证能够长期维护广大农户的利益
以第三方物流为中心	农户	电子商务平台或物流中心	实现商物分离，降低交易成本，减少流通环节和费用；实现农产品物流的信息化	投入的物流基础设施建设成本非常高

[①] 王建强."互联网+"背景下的农产品冷链物流发展模式创新策略研究 [J]. 中国市场，2019（9）.

1. 以农产品加工企业为中心的冷链物流模式

据统计，在发达国家，生鲜的加工比例为75%，而我国仅有4%左右，远远低于世界平均水平。以农产品加工企业为中心的物流模式可以加大生鲜的加工程度，提高农产品的附加值。此类冷链物流模式的特点：①有利于提高农产品的附加值，农产品经过加工包装后，农产品附加值得到提升，且符合消费者对质量的要求；②农产品经深加工可创造时间价值，有效缓解农产品季节性供给带来的供需矛盾；③这种模式下，加工环节既可由生产者组织进行，也可由专业农产品加工企业进行，两种方式都能有效减少中间流通环节，降低流通成本；④有利于农产品供应链的整合。加工企业一般会与生产组织建立合作关系，减少不必要的中介组织。

2. 以农产品生产组织为中心的冷链物流模式

农产品的生产组织主要包括农产品合作社、农产品行业协会等。当前，由于农户的组织化程度低，各种农产品行业协会、合作社的发展缓慢，致使农户往往成为被动的价格接受者，如果行业协会、合作社能够充分发挥其作用，可以大大提高农户的组织化水平，增加协商价格时的话语权。

农产品生产组织可以与农产品加工企业、批发企业、零售企业联合，建立长久合作关系。加工和销售组织根据其销售情况制订需求计划，并与农产品生产组织签订购销协议，生产组织将需求计划分配到农户。这种方式可以把分散的农户集合起来，能够有效地维护农户的利益，降低交易成本，减少违约现象。

该模式具有以下特点：①交易次数降低，交易成本下降；②由生产组织管理的生产规模大小决定了农产品流通成本的高低，规模越大，则交易环节节省的成本也就更多；③农产品生产组织由于缺乏足够的制约，无法保证能够长期维护广大农户的利益。

3. 以批发市场为中心的物流模式

目前，我国农副产品大都是通过各级批发市场流向消费者，因此以批发市场为中心的物流模式是目前主要的农产品流通模式。农产品批发市场根据面向群体的不同分为两种：第一种是面向农村乡镇的农产品集市中心，一般称为生产地批发市场；第二种是面向城市消费者的大中型农产品批发市场，一般被称为销售地批发市场。

以农产品批发市场为主导的冷链物流模式的特点是：①该模式下的农产品商流和物流渠道基本一致，物流随着农产品交易的进行而转移。②该模式下物流环节和市场主体较多，农产品流通过程中经过太多的批发环节，此外由于运输组织化水平较低，降低农产品的流通效率，抬高了农产品价格。③专业化的冷链物流设施设备严重缺乏，要想实现流通全程的冷链控制十分困难。④信息共享性差。中间批发商为了赚取更多的利益，会选择对直接生产者和消费者进行信息保密，造成了信息的不对称。⑤农产品批发市场模式的发展扩大了农产品的流通范围。

我国的农产品批发市场在管理水平和服务内容上不足。以批发市场为主体的模式会逐渐被其他流通方式所替代，但其所特有的农产品集散、供求信息集成和价格形成等功能是其他冷链模式难以替代的。因此，以批发市场为主体的农产品物流模式在相当长的时期内仍会存在。

4. 以超市为中心的冷链物流模式

连锁超市集团通过自建大型加工配送中心，可从生产基地直接采购农产品，在配送中心完成加工环节后按需配送至各连锁超市，这种模式能有效减少流通环节，保证果蔬农产品的新鲜度和质量。因此，连锁超市加工配送中心是构建此类物流模式的核心。

该冷链物流模式的特点是：①对消费者需求反应速度快，大型连锁超市将流通加工环节内部化，能够对消费者需求变化产生快速反应；②信息化水平高，连锁超市完善的信息管理系统能够分析、判断消费者的喜好，同时便于分析市场的需求量，为市场采购及供应链管理提供准确信息；③这种冷链物流模式大大减少了中间流通环节，连锁超市可以与生产基地签订农产品购销协议，大大减少了中间环节，且有利于实现流通全过程的冷链控制。

生鲜超市与农贸市场相比，避免了"一锤子买卖"现象的出现，因为它通过统一采购、加工与配送，严格把关，更具有完善的检测手段，可保证生鲜的质量安全，同时具有可追溯性。生鲜超市在制度上有严格的规范，特别是在农产品上市、销售、召回等均有相关完善的措施，如生鲜进入超市必须达到相关的准入标准，农产品上架也会不定时进行安全监测，即使生鲜出现问题却被销售出去，超市也能够通过相关顾客信息进行召回，并通过食品安全追溯机制精确找出链条中的问题所在。①

5. 以第三方物流为中心的冷链物流模式

以第三方物流为中心的冷链物流模式中，物流企业主要承担运输、冷藏、流通加工、包装和信息处理等功能，冷链物流的资金需求量较大，回收期较长，这使得从事冷链物流的企业较少。随着市场对生鲜冷链物流需求的日益增加，对质量的要求越来越高，从事农产品物流的第三方物流企业将会在市场的需求下渐成规模。

该模式的主要特点：①相关的物流活动由第三方物流公司负责；②这种模式可以实现商物分离，降低交易成本，减少流通环节；③物流费用可以被分离出来，同时由第三方物流承担农产品的物流活动有利于实现规模效益，充分发挥专业化设施设备的效率，降低成本；④这种模式便于实现农产品物流的信息化。专业物流公司通过建立信息管理系统，全程监控农产品状态，满足信息可追溯性要求。

三、国外生鲜流通主要模式

国外发达国家都十分重视生鲜流通，这些国家在农产品供应链管理思想的指导下，采用先进的冷链物流技术，逐步形成了符合本国农业生产特点，与经济发展水平和社会制度相适应的现代生鲜流通模式。迄今为止，国际上先进的生鲜流通模式有：北美模式、东亚模式和西欧模式②。这些

---

① 陈耀庭，蔡贤恩，戴俊玉. 生鲜流通模式的演进——从农贸市场到生鲜超市 [J]. 中国流通经济，2013（3）：19-23.

② 这里所指的生鲜流通模式，是包括集商流、物流、信息流和资金流于一体的流通系统特性，强调系统的要素、结构和功能的差异。

生鲜流通模式一般都具有高度市场化、产业化、信息化和一体化的特点。

1. 北美模式："连锁超市主导型流通模式"

北美模式以美国、加拿大的生鲜模式为主要代表，又称为"连锁超市主导型流通模式"，这是一种以大型连锁超市、零售商直销为主导，农产品批发市场二级销售为重要补充的生鲜流通模式。生鲜直销生产者或农业合作团体在产地将生鲜进行分级、包装处理后，直接送进大型连锁超市、零售店或者配送中心的一种短渠道流通模式。这种模式流通速度快、成本低、环节少、效率高，是北美生鲜流通的主要渠道，而农产品批发市场作为传统的流通方式，其作用也不可忽视。北美国家的农产品批发市场经过长期的发展，逐渐形成了一套健全的管理和运作体制，为保证生鲜的正常流通发挥了重要作用。

以美国为例，其生鲜流通过程如图1-3所示。大部分生鲜通过大中型连锁超市或者连锁经销商直销，一小部分经由批发市场、零售商等进入消费领域，少量通过出口商供给外国消费者。由于采用了先进和完善的物流理论为指导，美国拥有了通畅、高效的生鲜物流体系，形成了一条完整的冷链，使生鲜在流通过程中始终保持低温状态，并沿着以下路径从生产者迅速抵达消费手中，即田间采后预冷→冷库→冷藏车→批发站冷库/超市冷柜→消费者冰箱，生鲜在物流环节的损耗率仅为1%~2%。由于美国经由连锁超市流通的生鲜比例高达80%，故而美国的生鲜农产品流通模式可称之为典型的连锁超市主导型流通模式。

北美生鲜流通模式有着自身鲜明的特点，具体来说表现在以下几个方面：

（1）直销比例高，批发市场地位不突出。北美国家零售连锁超市和经销商的规模都比较大，生鲜通过这些大型零售网络进行产地直销的流通形式近年来大大超越批发市场这种二级流通形式，占据了主导地位，几乎左右着生鲜的交易。在美国，果蔬类农产品在产地与大型超市、连锁经销网络间的直销比例为80%左右，经由批发市场流通销售的仅占20%。这种直销模式大致可以分为两种类型：一种是超市、连锁店等大型零售企业到产

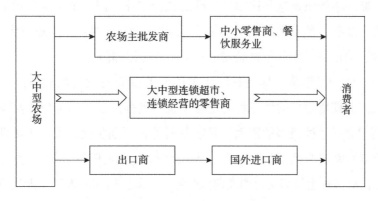

图 1-3　美国生鲜流通过程

地直接组织采购，然后通过单独或者联合建立的配送中心运送产品；另一种是生产者（通常为大农场主）与食品加工或者零售企业签订供货协议，不需要经过中间环节，直接为它们提供品种全、批量大的生鲜。

（2）流通基础设施完备。完善的流通基础设施是北美模式能够良好运行的关键，为生鲜快速、有效地达到消费者手中提供了强有力的保障。以美国为例，首先，美国拥有世界上最发达的交通运输网络，铁路、公路、航空、管道运输均居世界首位，发达的交通运输网络为生鲜由集中产地向分散销地呈网络辐射状快速转移提供了坚实的保障。其次，美国还拥有先进的农业仓储设备，且数量足以应对需求。低温冷库仓储设施的建设，对保持生鲜的品质起到了重大作用。最后，美国还拥有世界上最发达的农业信息网络，目前已经建成的农业计算机网络系统 AGNET，覆盖了全美 46 个州、加拿大六个省以及其他七个国家，政府、企业、农户通过计算机联网便可共享信息资源。

（3）法律体系健全，确保了农产品质量安全。以加拿大为例，加拿大主要的农产品（食品）安全管理部门为加拿大卫生部和食品检验局，两部门工作互相联系又有所区别和侧重，其职责分工由 1997 年《加拿大食品检验局法》（CFIAAct）加以确定，之后又以谅解备忘录的形式进一步明确和细化。加拿大卫生部负责农产品（食品）安全立法、食品安全基础研究、食品安全与营养标准的制定以及对食品检验局工作的评价，而加拿大食品检验局主要负责这些法律和标准的执行工作，同时负责制定动植物检疫标准。此外，加拿大农业及农业食品部、自然资源部、渔业与大洋部、边境检验局也是卫生部与食品安全检验局的协作部门。

（4）农产品期货市场发达。北美国家不仅拥有发达的农产品批发市场，农产品期货市场的发展程度也居于世界前列。以美国为例，美国是农产品期货交易品种最多的国家，目前共有芝加哥期货交易所、中美洲商品交易所等六家农产品期货交易所，上市交易大豆、玉米、鸡蛋、生猪、活牛、柑橘等多种生鲜期货合约或期权合约。目前，美国的农产品期货价格已成为全球贸易定价的基础，在全球经济活动中扮演了非常重要的角色。发达的农产品期货市场有利于统一农产品质量标准，推进农产品的标准化进程。

2. 东亚模式："批发市场主导型流通模式"

东亚模式以日本、韩国的生鲜流通模式为代表，又称为"批发市场主导型流通模式"，是以批发市场为主渠道、以拍卖制为特征的生鲜流通体制。日韩两国农业生产的基本特征都是人多地少，以家庭为单位从事小规模农业生产，面临着小产生和大流通之间的矛盾，生鲜的生产者难以与经销商直接对接，故而批发市场成为生鲜流通的主渠道。

以日本为例，其生鲜流通过程如图1-4所示。日本由于其自然条件的限制，需大量从国外进口生鲜，这部分进口产品经进口中介组织、批发市场、零售商流通环节等方能抵达消费者，而本国自产生鲜，则一般要通过农协或其他农业中介组织，再经由一级批发商、二级批发商、零售商和超市等多个环节才能到达消费者手中。由此可见，批发市场是日本生鲜流通的主渠道，故而日本的生鲜农产流通模式可称为典型的批发市场主导型流通模式。

东亚生鲜模式的特点表现在：

（1）流通渠道长，环节多，成本较高。东亚模式中，生鲜的流通渠道较复杂，一般要经过两级或两级以上批发渠道之后，才能把生鲜从生产者转移到零售商手中。以韩国为例，韩国生鲜的一般流通过程可以归结为：农民种植→青果人（韩国水果蔬菜流通协会，以下简称"青果人协会"）

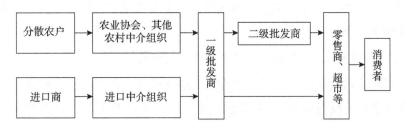

图 1-4　日本生鲜流通过程

收购和拍卖→中间商在批发市场竞买→中间商转给零售商→零售商店铺销售，整个过程流通环节较多，进而致使生鲜流通成本偏高。

（2）批发市场是生鲜流通的主渠道。东亚模式中，生鲜流通体系最显著的特征之一就是以批发市场作为流通主渠道和中心环节，并十分注重培育和完善批发市场的功能作用。以日本为例，日本农产品批发市场在生鲜流通中发挥的作用，受到了国际上普遍的认可。作为生鲜流通的枢纽，批发市场可以满足买卖双方扩大运销规模和交易空间、节省交易成本的需要，有利于解决日本小规模农业生产和大市场、大流通的需要。日本的农产品批发市场主要有三种类型：中央批发市场、地方批发市场和其他批发市场，其中中央批发市场具有明显的公益性质。当前，全日本经由批发市场流通的蔬菜占总量的比例为81%，果品为72%。

（3）农业合作组织扮演着重要角色。日本农协作为农民的合作组织，在组织农民从事生鲜生产、加工、销售，向农民提供生产资料购买、金融、技术指导等产前、产中、产后服务方面发挥了积极作用，主要表现在：①在产地将生鲜集中到批发市场进行交易，充当了生产者和批发商的中介；②为了提高生鲜的附加值，提高流通效率，日本农协建立了一批挑选、加工、包装厂以及预冷库、冷藏库和运输中心；③开展生鲜供求信息的收集和传递，通过经济联合总部汇总供求信息，据此对上市量进行合理分配；④通过自建的生鲜食品集配中心组织生鲜进行市场外流通。

"青果人协会"，是一个在政府和市场之间承担行业组织功能的全国性组织，全韩九个道（省）内均设有"青果人分会"。高度的组织化使各道的"青果人协会"在生鲜流通领域发挥了重要作用。以首尔为例，蔬菜供应量的70%掌握在青果人手中。

3. 西欧模式："专业合作社主导型流通模式"

西欧模式以荷兰、法国、德国的生鲜模式为主要代表，又称为"专业合作社主导型流通模式"，它以农业合作社作为中坚力量，以拍卖方式作为批发市场生鲜流通的重要形式。其中，农业合作社负责收购农产品，并为农户提供信息、科技、培训等方面的服务。西欧国家的批发市场大多数为公益性质，采用了先进的拍卖制度，使得生鲜在前期分级包装、安全检测、低温储藏的前提下，迅速经由批发市场分销下去，极大地提高了效率水平。

具体来说，西欧生鲜流通模式如图1-5所示。在该模式中，农业合作社发挥着举足轻重的作用，大部分的生鲜都必须经由农业专业合作社，继而通过批发市场、运销商、二级批发商、零售商等其中的两个或者多个环节才能到达消费者手中，故而西欧的生鲜农产品流通模式可称之典型的专业合作社主导型流通模式。与东亚模式相比，本模式批发市场生鲜流通的比例也较小。

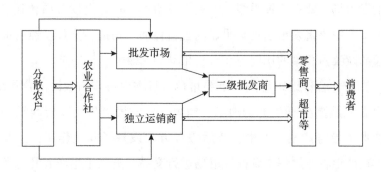

图1-5　西欧生鲜流通过程

西欧生鲜流通模式的特点表现在：

第一，农业合作社是生鲜流通的中坚力量。西欧国家通常设有农业合作社、农业工会、农业专门协会等组织机构，农民通过这些机构与加工企业或者连锁超市谈判生鲜的成交条件和价格，然后以合同的形式确定下来，这种组织制度为保护农民利益、理顺生鲜价格、保证生鲜供应提供了体制上的保证。以荷兰为例，荷兰农业合作组织的主要形式为农业合作社，主要职能是对农产品进行集中储存、加工和销售，其中较典型的合作社有花卉合作社、奶牛协会等，其销售网络遍及欧洲各地。合作社具有很强的独立性和自主性，对农产品质量标准有严格的规定，农户自愿入社。目前，荷兰 70%～96% 的果蔬、82% 的奶制品以及 35% 的肉类产品都是由合作社提供的①。

第二，以拍卖方式作为批发市场农产品流通的重要形式。以公开拍卖的方式进行农产品交易是许多国家的共同做法，尤以荷兰的农产品拍卖最具特色。荷兰的农产品批发市场实行全国联合拍卖，各大批发市场通过计算机和特定的通信线路，进行全国统一联网，每个买主能在一个市场内竞价购买全国市场上的农产品。这种拍卖制度有效地解决了农产品的销售问题，尤其对于保鲜周期很短的生鲜，加速了流通过程；拍卖过程公开、公平，可以形成合理的价格，实现了资源的优化配置。

第三，广泛采用了先进的物流技术。西欧国家生鲜流通普遍采用了保鲜技术、分级包装技术、冷藏运输技术及流通加工技术等先进的现代物流技术，不仅充分保证了生鲜从生产到消费整个过程中的质量，同时还提高了其附加价值。例如，德国的生鲜，无论是肉类、鱼类，还是水果、蔬菜，一旦进入流通领域，全程始终处于符合产品保质要求的冷藏链之中，其冷藏保鲜库全部采用风冷式，风机在电脑的控制下调节库温，最易腐烂变质的叶菜在这种冷藏条件下能存放 2～5 天。

第四，农产品标准化程度高。西欧各国由于经济、技术实力强，因而其农产品技术标准水平高，法规严格，尤其对产品的环境标准要求，让一般国家望尘莫及。如对肉食品，不但要求检查农药残留量，还要检查出口国生产厂家的卫生条件。另外，还对工作间温度、肉制品配方以及容器和包装等作出了严格的规定。此外，各成员国还有自己严格的技术标准，可随时选择对自己有利的标准执行。

---

① 魏国成，肖为群. 基于供应链管理的农产品流通模式研究［M］. 北京：中国物资出版社，2009：61.

4. 国外生鲜流通模式对我国的启示

发达国家经过几十年或上百年的探索与创新，在生鲜流通方面积累了许多先进的管理方法和成熟的流通技术，如何借鉴其成功经验，构建有自身特色的生鲜流通模式，将是我国生鲜流通发展中所必须要解决的问题。下面在详细分析了发达国家生鲜流通模式的内容及其特点的基础上，再结合我国生鲜流通现状及存在的问题，总结出以下几点启示：

（1）大力发展农业合作组织。欧美、日、韩等发达国家的农业合作组织都非常发达，其在生鲜流通中扮演着至关重要的角色。这方面的成功经验主要体现在：①组织规模比较大。农业合作组织具有明显的交易优势，大多数发达国家农业合作组织的总体数量不多，但是每个组织都趋向于扩大规模，参与组织的农民所占比例较大。②组织法律较为健全。各国都有促进农业合作组织发展的法律，在合作组织建立初期，各国通过立法明确了合作社的法律地位，并随着形势发展不断制定或修订相关的法律，从而使合作社的发展及时得到法律的规范和保护。③组织内部管理制度完善。各国的农业合作组织均具有严密的内部管理制度。④组织功能齐全。各国的农业合作组织功能完备，在生鲜流通中承担着衔接农户与市场的桥梁和纽带作用。⑤组织人才素质较高。农业合作组织的建立与发展，很大程度上取决于组织成员的结构和素质，各国的农业合作组织均非常重视人才建设，以便提高其竞争力。

（2）推进生鲜流通的超市化。在发达国家，连锁超市是生鲜到达最终消费者餐桌的重要环节。美国由于零售系统发展成熟，全美近80%的农产品是从产地经物流配送系统直接进入零售连锁超市的；法国大型超市销售的水果和蔬菜占销售总额的76%；德国95%的农产品经由连锁超市销售，10家大连锁超市企业集团控制着86%的市场份额。根据发达国家的经验可知，生鲜的80%~90%都是通过超市实现商品流通的，可以说，生鲜超市化已经成为一种大趋势。这种流通方式有利于促进生鲜的包装化、标准化，有利于建立食品追溯制度，从而切实保障消费者生鲜食品消费的安全。

（3）提高加工水平，实施生鲜标准化。发达国家的生鲜都要经过分级、加工、包装、冷藏或冷冻之后才能上市交易，比如日本有完整的农产品标准，包括质量标准、规格标准和包装标准。美国不仅有完整的农产品和食品质量标准，同时农产品的加工程度也很高。以零售的牛肉为例，先将 1000 磅牛的活体宰杀处理变成 620 磅的净重，之后切割变成 134.5 磅的牛排、165.5 磅的烧烤用肉、162.5 磅的各种切片和 157.5 磅的废料（骨头、肥肉和缩减部分），精细化程度达到了相当高的水平①。生鲜经过一系列标准化处理之后，既方便进行拍卖交易、远程交易、网上交易和期货交易，也方便消费者购买。

（4）发展高效的生鲜物流体系。发达国家生鲜流通的高效率运作与其发达的农产品物流体系紧密相关。这些国家物流基础设施完善、物流技术和设备先进，物流组织化程度和信息化程度都相当高，因此最大限度地降低了生鲜的中间消耗，节省了交易成本，从而提高了流通效率。

（5）进行交易方式创新，推广交易方式多元化。拍卖交易是日本、韩国以及欧美许多发达国家最基本的农产品交易方式，这种交易方式有利于公平竞争，形成公正合理的市场价格，更好地反映市场供求关系。近年来，为了适应市场形势的变化，发达国家生鲜交易方式呈现出多元化的趋势，网上交易、远程交易逐年增多。

（6）充分发挥政府在生鲜流通中的作用。发达国家政府普遍重视生鲜的流通，扮演着服务者和监管者的双重角色。首先，政府通过立法来规范和保障生鲜的流通，如日本的《批发市场法》《农业协同组合法》；其次，政府通过完善铁路、公路、港口、物流配送中心等基础设施，为生鲜流通创造良好的硬件条件，如美国政府每年拨款 15 亿美元建设农业信息网络；再次，建设完善的农产品流通监管体系，实现从生产到消费全过程的监管，例如，德国的《食品法》条款多达几十万条，覆盖了全德国的食品检查机构，使得生鲜的安全得到了全面的保障。

以上提到的国外生鲜流通模式可以给我国发展新型生鲜流通模式提供

---

① 周发明. 构建新型农产品营销体系的研究［M］. 北京：社会科学文献出版社，2009.

许多经验借鉴，在今后实践过程中，如果把这些宝贵的发展经验转化为可操作性的措施和步骤，必将有助于我国构建全新的生鲜流通体系，并极大地提升生鲜流通现代化水平。当然，我国在借鉴以上经验时应当注意结合实际，充分考虑到本地的农产品流通体制、农业生产特点和经济发展水平，切不可生搬硬套，否则将难以取得预期的效果。

第二章　生鲜流通渠道及其构成

　　生鲜商品从源头到餐桌流通过程中所依赖的通路，就是生鲜流通渠道。这是整个生鲜流通过程中最主要的问题。实际上，生鲜流通体系形成和演变的主线，就蕴藏在这个流通超额利润中。

　　生鲜流通体系主要是由商品供应体系、客户服务管理体系、物流配送与供应链管理体系、信息收集与处理体系、连锁门店经营体系五个部分组成，而在这五大体系中，生鲜流通渠道体系则是基础中的基础，是整个生鲜流通体系的核心。

第一节　生鲜流通渠道的构成

一、生鲜流通渠道系统构成的要素与设计

1. 生鲜流通渠道构成的要素

　　生鲜流通渠道的本质就是由不同的生鲜流通环节、链条、网点、业态组合而成的商品流动的通道。这些通道，既可以是从产地流向终端，也可以是中间商组织进行的中转与集散，可以分成不同的类型，如产地型、销地型、集散型等。同时，它也可能是国际型或区域型。

　　生鲜流通渠道由不同的要素构成，它包括商品、商人、门店以及流通的途径、方式及环节等，这些不同的要素基于不同的市场联系和供求关系

形成不同的渠道，共同构成生鲜流通体系。流通渠道是一条路线，包括参加产品交易过程的每一个机构、组织和个人，流通渠道的起点是产品的生产者，终点是消费者，任何产品都不会自己从生产领域走到消费领域，都需要借助于商品所有者为实现自身经济利益而进行的商品经营活动，产品从生产领域向消费领域转移的过程中，至少要经过转移商品所有权一次才能使产品作为使用价值最终进入消费领域，实现经营者的最终目标。

由于对商品流通的要求不一致，导致生鲜流通渠道存在多样性，产生这一情况的原因有：产品的种类、质量、体积、易腐易坏性，市场的容量、性质、区域性及生产力的发展水平和生产者的流通政策。

2. 生鲜流通渠道体系设计

一般而言，生鲜流通渠道体系，都由长度、深度、广度和密度四大维度组成，它们共同构成一个系统。这也是描述、分析和评价生鲜流通渠道的主要指标。

"渠道长度"是指产品分销所经中间环节的多少及渠道层级的多少。如果产品从生产环节直接到达客户，我们就称其为"较短的渠道"，"较短的渠道"是不经过中间环节的渠道。如果产品要经过代理商、批发商、零售商等多种环节才能到达客户，我们称其为"较长的渠道"。企业有时通过兼并处于另一渠道层次的公司来缩短其渠道的长度。渠道的长度主要受产品、顾客、中间商等因素影响较大，包括产品的单价、体积和重量、易损性、技术性、所处的生命周期阶段等因素的影响；顾客的数量、分布范围、单次购买量、购买频率等；中间商的数量、连锁功能、配套功能等。随着互联网对生产和流通过程的渗透，渠道压缩变短、扁平化既是一种必然趋势，也是一个正在发生的过程。因此，为了提升渠道效率、降低渠道成本、加强渠道控制，就要尽量地减少渠道，提升直销能力。

所谓"渠道的深度"，就是渠道向纵深延伸和整合的状态。渠道深度越深，表明渠道的系统性越强，从而渠道的控制权就越强，渠道关系和能力也相应增强，从而大大提升渠道价值。就温氏生鲜而言，渠道的深度主要表现在向上游延伸和向线上延伸这两个方面：一是向上游延伸，借助生鲜流通渠道体系，向上游延伸，引入订制化生产、深度加工、个性化包装等环节，提升渠道价值；二是向线上延伸，加强线上线下整合能力。借助线下的实体门店渠道体系和客户资源，向线上延伸，以获得更多的市场机会和销售潜力。

"渠道广度"是指渠道的覆盖半径和辐射范围，体现渠道的影响力和流通能力。但渠道广度的大小，与渠道动力有关，也就是以渠道的拓展能力有关。对于生鲜电商渠道的广度而言，主要是指选取电商平台的数量，而这取决于配送能力和影响力。如果进驻的电商平台数量多，则可能覆盖很广，但如果线下没有体验，或者物流跟不上，必然难以取得实际效果。因此，这需要线上线下的协同发展。

所谓渠道的密度，主要是渠道成员或网点的密集程度。例如，一个区域内的门店数到底多少合适？这就是渠道的密度。根据经验，不同城市或区域的消费力是不一致的，有的高，有的低，因此，渠道的密度也宜有所差异。举例说，国内某些生鲜连锁门店的布局标准就是：收入水平很高的地区和社区，可以1.5万人到2万人一间；中等收入地区，3万人至5万人一间；三、四线城市及欠发达的地区，根据交通等其他因素，4万人至6万人一间，而根据生鲜连锁门店发展的一般规律，一个区域和城市，拥有300间左右的门店，就要形成一个独立的管理单元，需要一个管理团队去服务。因此，要根据门店渠道的密度，来设计管理制度和等级，以提升管理效率。

对于这个系统，"木桶原理"告诉我们，如果它们渠道的长短不一，结构不匹配，都有可能影响整个流通体系的效绩。因此，在对整个流通体系进行战略规划时，必须考虑对渠道结构进行科学设计。"木桶原理"又称"短板理论"。所谓"木桶原理"也即"木桶定律"，其核心内容为：一只木桶盛水的多少，并不取决于桶壁上最高的那块木块，而恰恰取决于桶壁上最短的那块。根据这一核心内容，"木桶原理"还有两个推论：其一，只有桶壁上的所有木板都足够高，那只木桶才能盛满水；其二，只要这个木桶里有一块木板不够高度，木桶里的水就不可能是满的。

从生鲜渠道来看，尽量使渠道环节不要超过三级，并尽量直销，即采用没有渠道中间商参与的一种渠道结构。这样，就会始终保证渠道效率。当然，这对渠道设计和管理，也提出了较多的挑战。

3. 生鲜流通渠道的调节与控制

生鲜流通渠道环节多、网点多、主体多、链条长，渠道流向复杂、渠道路径多样，因此，对生鲜流通控制一直是各个国家十分关注的重点领域①。

生鲜流通渠道的控制主要涉及四个方面：一是基于商品价值管理的渠道权力控制，尤其是牵涉商品定价权的争夺，如海鲜的渠道定价权控制；二是基于供应链管理的采购与分销体系控制，这主要牵涉贸易竞争与摩擦、区域分割与调控等；三是基于食品安全的生鲜渠道控制，如食品质量源头追溯体系；四是基于食品流通过程中的物流费用和损耗的控制。

在生鲜流通渠道控制中，生鲜流通过程中的损耗分为实体损耗和价值损耗，这两者既互相联系又有区别，实体损耗指产品数量减少或消耗以及产品质量的降低。价值损耗指产品本身使用价值的降低、减少、过时或消失，实体损耗必然引起价值损耗，价值损耗却并非一定由实体损耗引起，两者之间关系密不可分，相辅相成。本书的损耗控制主要指控制由实体损耗引起的价值损耗。

中国幅员辽阔，物产丰富，有着种类繁多的农产品。在最近几年中，生鲜的产量突飞猛进。然而，其与之配套的流通端和销售端却不够完善，即贮藏和运输技术发展滞后。基于这种现象，我国每年有近亿吨蔬菜腐烂腐败，损失价值达千亿元，相当于每年都有近两成的生鲜还没有达到消费者甚至销售企业手中，已经化为乌有了。

我国的农产品产后损耗严重，特别是生鲜。据相关资料介绍，我国果蔬产品在物流全过程中损耗率约25%，高的甚至达到30%。据统计，我国每年有8000万吨蔬菜、水果在运送路上腐烂，其损失足可以供给两亿人食

---

① 施浩然．考虑损耗控制的生鲜存储问题及供应链优化研究［D］．西南交通大学博士学位论文，2016.

用，而发达国家果蔬产品平均损耗率仅5%左右（其中美国为1%~2%）①。由此可知，如果我国的生鲜损耗得到大幅度控制，不仅可以增加农民和经营者的收入，而且还可以节省社会财富，解放人力，为工业发展提供更充足的劳动力。所以，解决生鲜损耗问题无论是对普通农民和市民，还是对国家和社会，都有着重要的现实意义。

（1）对生鲜自然损耗的控制。如果在销售时做好保鲜工作，则可以有效地降低生鲜的损耗率，从而达到保护售货方利润的目的。首先，对生鲜的全程物流采用冷链技术是必需的，也是效果显著的一种模式。其次，通过对生鲜运输前必要的种类分类，以及因损耗率不同而进行的分类，可以将不同的产品进行分别的处理，而不能以偏概全。最后，根据生物学中呼吸作用的不同，可以在对水果等极易腐蚀腐烂的物品进行冷藏处理，以降低其呼吸作用的影响，并且可以起到控制细菌繁衍滋生的目的，而在销售时，也需要对生鲜进行必要的通风、控温和控湿等。

（2）对生鲜人为损耗的控制。想要对人为损耗进行有效的控制，必须要对整个生产运营进行系统化的管理。首先，要注意在采购端的把控，销售方必须利用科学的方法，合理的策略，定制适当的采购标准，以防止一些本不合格的产品，如新鲜度已经不能满足销售的商品流入市场。其次，还要注意控制订货的数量和批次，订货过量或不足都将造成相应的损耗。

（3）销售过程中的损耗控制。销售过程中，也依然存在损耗，需要对其进行相应的损耗控制。对货物进行整理，挑选出已经随着时间而腐烂或者被顾客挑选时弄损伤的生鲜。每天对价格进行及时的调整，必要的时候，可以利用打折促销的方式，将当日剩余的生鲜在营销的最后时点出售给顾客，而不是再转入冷藏室贮存。

因此，必须改变传统的销售模式。农产品作为一种特殊的商品，无论采取何种措施，终究会在极短的时间内迅速发生腐烂变质，或因其保鲜成本高

---

① 中国物流与采购联合会．农产品物流——中国物流年鉴2008［M］．北京：中国物资出版社，2009.

昂而被放任腐烂与损耗。每年最大的损耗往往发生在农产品滞销的时候，因此，必须要有比较准确的预测，使生产出的农产品都能迅速销售出去。最好的是改变传统的农产品生产销售模式，不再是生产出来之后才寻找买家，而是实行订单农业。这样，可以大大减少农产品的积压损耗（见图 2-1）。

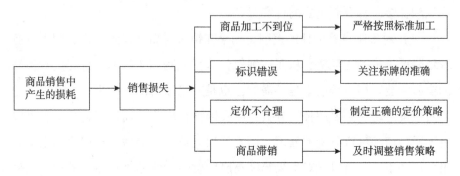

图 2-1　销售中的损耗控制在商品销售环节

（4）减少损耗的最基本也是最有效的方法是发展物流业，特别是生鲜物流，同时要降低物流费用。传统的生鲜销售模式是就近销售，生鲜物流半径小。但随着社会化大生产的进行，城市越来越大，各地交流越来越频繁，区域化生产越来越明显。生鲜销售范围越来越广，生鲜时效要求和贮运条件要求也越来越高，因此，针对生鲜的物流要求也越来越高。我国目前的生鲜物流还未单独成为体系，通常都采取自然物流方式，即使最简单的冷藏车也很少使用，因为相比较而言，费用高昂。对此，可在生鲜物流途中开展分类、包装、加工等措施，增加其价值。所以，大力发展生鲜物流，降低物流费用，使生鲜在采收后不仅只是贮运功能，更是增值过程，这样，生鲜物流就不但不会成为生鲜销售的瓶颈和障碍，反而会为生鲜的保鲜和增值做出重要贡献。

在发展现代物流业过程中，要重点发展合适生鲜配送的物流方式或销售模式。传统的生鲜均是自行到农贸市场和超市采购，基本无配送业务，而由于人们生活节奏加快，作为每日均需要消耗的生鲜要保持新鲜就必须每日采购，这对大多数人来说并不现实，所以往往一次采买很多。如果生鲜能有比较好的配送模式，在网上或电话里预订每天需要量，再由人员配送到家里，这样既能保证每天菜蔬的新鲜，也能保证经销商和终端顾客采购的准确性，减少积压损耗。除此而外，加强社区生鲜销售点的铺设，使大多数人下班时在路上或小区里就可以顺带买上菜蔬回家，不必专门去农贸市场和超市，也有利于减少生鲜的损耗。

4. 食品安全与生鲜流通的源头追溯

生鲜流通过程中的源头追溯，又简称"溯源"。由于诸多的食品安全事件的发生，导致了国内食品市场紊乱，消费者不信任品牌，更愿意购买进口食品，食品安全确实有待加强，而可溯源系统的出现，真正让食品做到来源可查、责任可究。

什么是食品溯源？溯源，顾名思义就是追本溯源。溯源在食品上的应用，最开始是来自1977年，欧盟为了应对"疯牛病"问题，而提出的食品安全溯源概念。食品溯源就是通过物联网技术收录食品数据信息，实现食品从生产到销售进行的线性追溯。为保障消费者权益，维护市场秩序，食品溯源对食品安全的各个环节进行"侦查"。食品溯源，就是从源头生产到市场销售终端进行全程有效监控。让消费者在溯源过程中，知道食品的生产信息，质检证明，物流凭证等信息。食品溯源的特点就是严格保证每个商品的安全系数，信息详尽追踪到底。

生鲜农产品为什么要做溯源？进入超市，随手拿起一个商品，都会贴有一个二维码或者条形码，拿手机扫一扫就能知道产品的详细信息，但在农产品中，溯源二维码的应用还没有普及。生鲜产品作为日常餐桌上必不可少的食物，对于追本溯源的需求更为迫切。如在肉品管理中，我们所购买的肉品（猪肉、牛肉、羊肉），一般都经过"饲养—屠宰—加工—冷藏—配送—零售—餐桌"，其中任何一个环节出了问题，都会导致严重的后果。农业部的牲畜耳标，相当于给动物进行了"实名制"，这为食品溯源打下了基础，可在一定程度上监督肉类食品的安全问题。尽管如此，食品溯源本身不能提高食品的安全性，但它有助于发现问题、查明原因、采取行政措施以及追究责任。

溯源信息收录得越详尽，食品安全性越高。那么想要实现食品追溯过程，需要哪些技术作为支撑？如果在几年前，生鲜食品是没有出产信息的，只能听菜贩的，质检证明这些就更没有了。但随着国家和消费者对食品的安全越来越注重，扫码和编码技术的普及，现在你只需要用扫码 APP 对准溯源码扫一扫就能获取食品的所有信息。二维码是国家工信部强制打造的食品安全标准标识，其内包含着商品的原材料、产地、生产日期、使用日期、加工、物流、质检等详细的信息。它是利用物联网标识编码技术合成的，每个标识码隐藏着食品的域名（跟网址链接类似）。

用手机扫一扫就能破译二维码上的域名查看产品信息。像这种编码，解码的过程不仅是溯源的本质，还是物联网标识注册、查询的核心技术。你不可能拿到两个完全相同的溯源码。就像这个世界上不可能有两片完全一样的叶子。食品包装上的溯源二维码除了可以实现所有批次产品从原材料到成品，从成品到原料 100% 到双向追溯功能。还有以下两个优点：一方面，对于客户提升产品的信誉度，消费者不了解产品的"前世今生"，从而对产品很难产生信任。溯源功能使消费者更放心，并且对产品有了更深的认识，增强对产品的信任度。二维码的溯源功能为企业品牌打下夯实基础。另一方面，对于企业，溯源系统建立后，一旦发生相关事故，监管人员就能够通过溯源系统判断企业是否存在过失行为，企业内部也可借助该系统的查找是哪个环节，哪个步骤出现了问题，责任人是谁，避免了由于资料不全，责任不明等给事故处理带来的困难，节约了时间成本，使问题得到更快的解决。

生鲜农产品溯源要真正完善，应该从生产过程管理（种植环境、选种管理、灌溉、施肥、用药、采收、加工、包转）到仓库物流管理（仓库环境、进出库动态管理、存储温度、运输过程）到最终到消费者手里整个链条缺一不可。

二、生鲜流通渠道分类 1：采购渠道与销售渠道

对于生鲜市场的供需双方，它们的渠道方向、路径以及结构和功能都是有差异的。例如，对于生鲜零售企业来说，它重要构建的是采购渠道；

而对于生产企业来说，它构建的则是销售渠道；而对于生鲜的中间代理商来说，它构建的则是连通上下游的贸易渠道。

1. 生鲜采购渠道

对于一家生鲜零售企业来说，生鲜商品的采购渠道与商品组织是其核心竞争力的组成部分。相比超市经营的一般商品而言，生鲜商品存在经营上的特殊性，从超市外部来看，生鲜经营条件和环境具有比较大的不确定性，生鲜商品从生产、加工到运销的规范性较低，因此，复杂性和风险性较大，保鲜问题也使生鲜商品经营存在很大的地域限制；从超市内部管理来看，又要求对商品进行高度精细化的管理，所以业内常把生鲜区经营管理称为超市经营管理的重点和难点之一。应该说生鲜经营业绩在很大程度上取决于整个生鲜区的运作状况和经营管理水平，进而又在很大程度上反映出整个超市的盈亏兴衰和管理水平。

超市的采购工作常常被人形象地比喻为一种投资业务。它要求采购人员要对超市顾客的消费方式和习惯十分熟悉，对超市商品有良好的职业判断和感觉，要对超市商品的增加和淘汰、商品结构应季转换、商品采购方式、代价和时机选择、商品销售策略和供应商管理等一系列事项做出精确的安排，并要在多种因素影响之下保持良好的商品进、销、存之间的平衡关系，争取最佳的资金沉淀和销售投入回报。这既是对采购人员工作水平和业绩的核心衡量标准，也是对超市采购管理机制的评价。由于生鲜商品本身的复杂性，在中国农业生产背景之下的超市生鲜采购工作就更是一种专业化的投资业务了。

大中型城市的农产品批发集散市场是生鲜采购最直观和最直接的主渠道，也是反映当地农产品结构和价格波动变化的重要"晴雨表"。另外，城市周围的各种蔬菜、水产养殖和肉联厂等生产基地也是重要的采购渠道。由于生鲜商品及其供应链环境的影响，要构造完善的超市生鲜商品组合，不仅要了解同业、熟悉自己，更应该深入了解生鲜商品本身及安全性、农产品生产、采购供应渠道和供应商状况等。

一般超市生鲜商品的采购渠道主要有两个：当地采购和跨地区产地

采购。

（1）当地采购。当地采购的生鲜商品主要是因为保鲜原因不适于远途运输的生鲜商品，采购渠道又可分为农产品批发市场和城市周围农产品生产基地。生鲜商品的品类包括蔬菜中的叶菜类；按照政府规定必须从当地肉联厂采购的鲜肉类产品；淡水养殖的鲜活水产品，部分副食产品（豆腐和豆制品，以及当地制作的新鲜糕点和熟食制品等）；各种半成品凉菜和切配菜等。

（2）异地采购。跨地区产地采购的生鲜商品主要是可以在一定时间和距离内远途调运，或者经过保鲜加工处理的生鲜商品，它包括具有运输批量的大宗干菜（大白菜、洋葱、土豆和冬瓜等）；部分果实类水果（柑橘、苹果、香蕉和箱装水果等）；冷冻水产品；干鲜产品和保鲜封装的加工制成品。

目前，超市生鲜区的经营品种很大程度上是依靠当地的采购货源渠道，一方面是由于大量非标准化的生鲜商品因保鲜问题，不适于远途贩运；另一方面是超市生鲜区的销售流量无法支撑批量采购，所以现在同一地区的超市生鲜经营经常会出现雷同化的倾向和无差异的商品组织结构，超市生鲜经营的特色未能得到发挥。

然而真正能形成品种、价格和新鲜度等渠道优势的还是产地采购，包括城市周围农产品生产基地和跨地区的产地采购，这种渠道优势的发挥会使超市生鲜经营更加生动，运作空间更加宽阔，从而使超市的差异化经营策略得以充分展示，使超市的生鲜经营越来越丰富多彩。

2. 生鲜销售渠道

这里所指的生鲜销售渠道，主要是指生鲜生产企业所建设的生鲜商品销售通道，它从产地出发，经过不同的组合方式，延伸到零售终端或消费者家庭。目前正大力发展的全产业链生鲜流通模式，本质上主要是生产型企业主导的一种生鲜销售渠道模式。

生鲜的主要销售渠道有哪些？目前主要有四类。

（1）自产自销。自产自销对于生产规模较小的生鲜经营者来说，自产自销也是一条不错的选择。自产自销可以直接感受到消费者对产品效果的反馈，能够及时调整生产，达到稳定生产、稳步发展的目的。

（2）农贸市场。农贸市场是在城乡设立的可以进行自由买卖农副产品的市场。农贸市场易于生鲜快速进入市场。农贸市场的优点是简化了农产品进入市场的管理成本；缺点是对农产品的质量监管不到位。

（3）生鲜连锁店。连锁店对于生产规模较大，管理能力强的经营者来讲，进入连锁店，不仅有利于解决销售问题，而且有利于订单生产。

（4）超市。超市通过"农超对接"实现农产品经营者将新鲜的农产品直接供应到超市，方便消费者直接选购。

目前，生鲜在销售渠道构建过程中存在的主要问题有以下几个方面：

（1）各类设施建设不完善，不能实现效用最大化。生鲜的一大特点就是"新鲜"，在交易过程中验货、购买等都是当场完成，所以对冷冻、储藏等设施的要求就比较高。但是在现在的大多数批发市场中，往往因为资金等条件不完善而不能实现设备的及时更新，许多生鲜产品因此遭受损失。此外，由于多数批发市场的信息网络建设条件落后，不能像少数重点农产品市场一样通过网络开展促销活动，因此市场之间不能实现信息共享和信息对称，这就使得市场除基本的价格形成、聚集产品以外的一些功能大大受限。

（2）农贸市场的松散管理与超市的高门槛。我国的生鲜主要是通过农贸市场的销售终端实现销售的，但据统计，产品从收获到销售完成，中间经过农贸市场这个中介商，最终损耗为20%~30%，但在发达国家这样的损耗却只有不到5%，主要差别就在于"农贸市场"和"超市"。超市的设施与环境相比农贸市场自然是有巨大优势的，但也因为这些优势，产品进入超市需要很高的入场费，并且对产品的品种、供应周期、供应量等都有诸多限制，这些限制成了"薄利多销"的生鲜进入超市的"高门槛"。另外，虽然超市的各项条件都有优势，但实际上超市中的生鲜销量是远远比不上农贸市场的。

（3）产品流通有障碍。生鲜产品流通与各个节点都紧密相关，如生产者—农户、销售者—农贸市场或超级市场，另外还有连接各个节点的物流运输。对于生鲜来说，时间就是决定价格的最关键因素，但目前产品的流通各环节还存在一些问题。为了让生鲜的生产流动快速有序进行，政府部门就需要积极整合相关资源，调整供应链，进行创新，这样才能促进生鲜的持续有效流通从而确保满足消费者需求。

（4）生鲜销售有明显的时间特性。生鲜生产与销售具有非常明显的季节性，导致其销售具有很明显的季节特征。与此同时，因为长久以来生鲜在销售时均处于自然常温状态，导致其在售时外形和质量都迅速发生变化，因此，和其他产品相比较而言，生鲜销售不仅具有明显的季节性，而且还具有很明显的时间性。通常而言，生鲜刚上市销售时销量大，但随着时间流逝，销量下降直至基本无销售，这种情况在农贸市场尤为明显。

（5）生鲜定价的波动性。生鲜对于经营者来说有两大作用：一方面，产品本身可以为企业赚取利润；另一方面，虽然生鲜产品的利润相对较低，但它可以为其他高利润的产品吸引客流从而提高整体利润水平。因此在生鲜产品的销售中经营者一般定价较低，力求"薄利多销"，其毛利率一般为8%~12%，这样既可以扩大销售，又保持该类产品的新鲜度提高产品质量。生鲜是典型的价格敏感性商品，其售价往往会随着市场价格的波动而波动，因自然条件、生产周期性、供给双方信息不对称等因素的影响，生鲜的市场价格变化频繁，波动幅度较大。

零售商不断视实际情况调整生鲜的销售价格，不仅合理地适应市场变化，而且可以有效吸引消费者进行购买。在实际销售中，零售商要根据销售情况，同时结合竞争者所处环境变化对产品价格再做调整。

（6）生鲜促销的复杂性。促销就是营销者将企业及产品的信息通过各种方式传递给消费者和用户，促进其了解、信赖并产生购买行为的一系列活动。不同企业在同一市场、同一企业在不同时期及不同市场环境下所进行的特定促销活动，都有其具体的促销目标。

生鲜之所以经常被作为促销对象是因为它们的质量会随着时间的推移而产生变化，进而影响产品销售。为了在产品发生变质之前将其售完或为了扩大销售等目的，零售商们经常会想出各种方法来进行产品的促销。生鲜的促销可以根据促销时间不同而划分为长期性促销和短期性促销。前者主要是从长远打算，为了让顾客对其有更好的评价和有更大的消费欲望而建立的长期价格优势，而短期性的促销活动一般是为了在某些特定时间的特殊目的而进行的促销活动，如节假日促销或果蔬的晚间促销。

此外，生鲜的促销还可以根据促销方式不同分为特价促销、限时抢购、有奖促销、免费试尝等。特价促销就是降低商品价格后出售，是最为常见的促销手法。

三、生鲜流通渠道分类2：线下实体渠道与线上电商渠道

1. 线下：生鲜实体流通渠道

生鲜流通渠道最初都是实体渠道，也是商品市场起源中最早的渠道形态之一。从目前来看，生鲜线下实体渠道主要有农产品批发市场、传统农贸市场、大型综合超市、社区生鲜超市、新型生鲜体验店和专业店等。

（1）传统农贸市场。它是连锁超市经营生鲜区之前顾客购买农副产品的主要场所，拥有相当庞大的消费群体。近年来，部分大中城市的传统农贸市场在越来越多的连锁超市生鲜区挤压之下，其销售市场份额有所下降，但仍然有很多消费者到农贸市场里购买鲜活的初级农产品，并在中小城市占据市场主导地位，其优势在于鲜活农产品的应季供销，新鲜丰富，购买方式简捷迅速。

（2）超市生鲜区。目前国外大型综合超市的示范引领之下，各种连锁超市发展迅速。大型综合超市、生鲜超市、便利店都会依靠自身业态的优势，以适当的生鲜经营方式来满足不同消费群体的需要。在同行之中不断对比分析和学习提高，会对自身生鲜经营方式的明确定位非常有益。

（3）零售摊贩。虽然他们不很显眼，经常会成为城市管理的整改对象，但其不断以灵活游动的身影，对所卖生鲜商品的选择变化，及其对生鲜商品精心打理的敬业精神，都是超市生鲜经营不容忽视的竞争对手，同时它也是超市生鲜区了解市场变化脉络的关注对象之一。

生鲜消费与百姓生活息息相关，过去是农贸市场和国营菜店一统天下，现在的消费需求已明显地呈现出多样化、个性化和层次分化，而承担顾客生鲜消费的载体也随之趋于多元化，除农贸市场外，各类连锁超市（标准超市和加强型超市）、大卖场、生鲜专营店并存，以各自的特点分食

部分生鲜消费市场，外食比例提高又使餐饮业抢占了部分生鲜消费市场，再也没有一种载体能像过去的农贸市场那样一统天下了，各种零售终端的生鲜销售功能在不断分化、重组和提升之中，正不断创造着各自市场的特色和生存空间，原有的传统农贸市场销售地位备受挤压，在一些大中城市的销售份额严重萎缩。那么"农改超"推出的"超"（生鲜超市）如何在这多元化格局中准确定位？它将满足什么样顾客群的消费？市场切入点和支点在哪里？它与其他具有生鲜销售功能的零售业态之间有什么不同？

在各种零售终端中，农贸市场的主要消费群将以低收入和传统消费阶层为主，但卫生状况和环境较差；大卖场以大规模经营生鲜初级产品、制成品和现场加工吸引顾客，但对居住较远的顾客来说便利性有限；生鲜专营店以局部细分市场见长，但经营商品的组合宽度不足，无法满足生鲜消费一次性基本购足的需要；那么"农改超"的"超"是否应该更加关注生鲜消费的便利性和社区功能，并以此为卖点满足生鲜消费购买频率高，追求便利和一次性基本购足的顾客需求，并在经营定位上与其他业态寻求差异化和互补。

资料一

超市门店蔬菜验收标准

序号	分类	作物	验收标准
1	根菜类	萝卜、胡萝卜、大头菜等，以其膨大的直根为食用部分	表面光滑、条直匀称，粗壮、硬实，肉质甜脆 表皮无争缩、刀伤、开裂、体软、褐斑、发糠、泥土
2	白菜类	白菜、芥菜、甘蓝等，以柔嫩的叶丛或叶球为食用部分	叶新鲜光泽，植株大且完整，包心坚实紧密，根部断面洁白完整 无空心、乱心、压伤、冻伤、虫蛀、雨淋、水浸、裂缝、老帮黄叶、外叶萎蔫、包心松、泥土，无苔

续表

序号	分类	作物	验收标准
3	绿叶蔬菜	莴苣、芹菜、菠菜、茼蒿、苋菜等，以其幼嫩的绿叶或嫩茎为食用部分	颜色鲜艳，淡绿，叶子水分充足、脆嫩薄，植株挺直叶子无褪色边或褐斑、发黄、干软、卷曲、脱叶
4	葱蒜类	洋葱、大葱、韭菜、大蒜等，叶鞘基部能膨大而形成鳞茎，所以也叫作"鳞茎类"	鳞片肥厚完整无损，抱合紧密，球茎干度适中，有一定硬度。叶肥挺，根株均匀 无腐烂、干枯、过软、裂开、发芽、发乌、泥土
5	茄果类	茄子、番茄、辣椒等，同属茄科	色正，有光泽，表面光滑，饱满有一定硬度及弹性 无腐烂、干尖、皱纹、断裂、干软、泥土
6	瓜类	冬瓜、南瓜、西瓜、甜瓜、苦瓜、丝瓜等，茎为蔓性，雌雄同株异花	颜色淡绿色，有光泽，有一定硬度无弹性，皮薄肉洁白鲜嫩，瓜形周正 无断裂、划伤、软烂、干皱、畸形
7	豆类	豇豆、毛豆、豌豆、蚕豆等，大多使用新鲜的种子及豆荚	颜色青绿、豆荚饱满，剥开后豆粒呈淡绿色，完整有清香 无受潮、虫洞、软烂、发黄、发黑、豆粒瘪而小有异味
8	薯芋类	包括一些地下根及地下茎的蔬菜，如马铃薯、山药、芋、姜等	色正，个大形正，大小整齐，表面无伤，体硬不软、饱满 无腐烂、破皮、坑眼多、畸形、泥多发软
9	水生蔬菜	藕、茭白、荸荠、菱、水芹等，一些生长在沼泽和浅水地区的蔬菜	水分充足，饱满，肉洁白脆嫩 无腐烂、干枯、泥多发软
10	多年生蔬菜	香椿、金针菜、竹笋、佛手瓜、百合等，一次繁殖以后可以连续采收	完整清洁，壳肉紧贴、饱满、肉质洁白较嫩无冰冻、霉烂、风干、刀伤、壳皮卷曲、离肉、有黑斑、根大、肉老
11	食用菌类	蘑菇、香菇、草菇、木耳等，人工栽培和野生或半野生	菌身完整、大小均匀，菌盖与柄、菌环相连未展开，根短 无发霉、潮湿、黏手、水浸、杂质、菌盖边缘裂开、盖柄脱离、色黄、黄斑

2. 线上：生鲜电商渠道

生鲜线上网络渠道，实际上就是生鲜的网络流通渠道，又俗称"生鲜电商"。生鲜电商在我国的发育成长史并不长，主要分为以下三个阶段：

(1) 第一阶段，2005~2012年。2005年，易果网成立；2008年，出现了专注做有机食品的和乐康及沱沱工社，这几个企业开始都是做小众市场。在这期间，国内频发食品安全事件，导致很多消费者产生了对品质高、安全性高食材的需求，这使很多企业看到了这个巨大市场，2009~2012年，涌现了一大批生鲜电商。过多的商家进入这个行业，也导致了行业泡沫的产生，当时的市场需求并没有那么大，而生鲜电商的模式也是原封不动地拷贝了普通电商的模式，最终导致很多企业倒闭。

这个阶段的结束，以2013年初的北京"优菜网"寻求转让及上海"天鲜配"被转卖为标志，需要说明的是这两家都是做有机和绿色蔬菜的电商，要知道在国内找这样的食品在之前是很难的。

(2) 第二阶段，2012~2013年。生鲜电商的转折，也是从2012年底开始。当时刚成立一年的生鲜电商"本来生活"凭"褚橙进京"的事件营销一炮走红，随后又在2013年春挑起了"京城荔枝大战"，此时开始生鲜电商再度引起人们热议。其间，社会化媒体及移动互联网的发展也让生鲜电商们有了更多模式的探索，第二阶段明显比第一阶段更有生命力。

(3) 第三阶段，2013年至今。在第二阶段的创业生鲜电商中，以顺丰优选、可溯生活、一号生鲜、本来生活、沱沱工社、美味七七、甫田、菜管家、15分等为代表的商家都获得了强大的资金注入，而且每个企业都有各自的行业资源优势，进而上演了一场生鲜电商备战大赛。在这期间，B2C、C2C、O2O等各种模式都被演绎得淋漓尽致，越来越强劲的移动互联网工具也为各商家提供更多的选择。

这个阶段，最显著的特点是生鲜电商们从开始的小而美转变为如今的大而全，几乎所有生鲜品类都有所涉及，人们对生鲜消费的理念也在慢慢向电商转变，巨大的商机不得不让互联网巨头们觊觎，2013年底至2014年初，天猫和京东也加入了这个阵营，如其他行业一样，只要有巨头参与就会有整合与并购的产生，生鲜电商今后将进入资源整合与格局更变的阶段。①

2014 年，O2O 开始快速发展，尤其是外卖 O2O，美团、饿了么和百度外卖展开激烈竞争，1 小时送达的即时配送服务逐渐深入人心。零售老板内参认为，用户对即时物流的认可和接受，也是生鲜 O2O、前置仓模式兴起的重要原因。

这一时期，集中诞生了很多受资本青睐的生鲜 O2O 平台，如爱鲜蜂、社区 001，多点 Dmall、许鲜、一米鲜、每日优鲜等。这些明星创业公司的融资额也相当可观，如多点 Dmall，凭借豪华的创始团队，天使轮就拿到 1 亿美元。除此之外，一些小的创业项目更是不计其数了。

相关数据显示，2015 年新成立的生鲜电商就有 260 余家，其中不乏巨头入场，如京东到家、顺丰优选。一时间，很多创业者想当然地认为：生鲜电商的风口到了。

虽然都是为用户提供生鲜商品的即时配送服务，不过各家的生意模式仍然各具特色。如爱鲜蜂是通过整合社区便利店，一方面为后者供应生鲜商品，另一方面让小店主就近提供配送服务。对于小店主来说，这是一笔算得过账的买卖，因为他可以新增两笔收入，一笔是平台补贴的配送费，另一笔是搭售门店商品所得。

因此，上线仅 6 个月，爱鲜蜂便与北京 2000 家社区便利店达成合作，用户超过 40 万。漂亮的数据让爱鲜蜂成功获得资本的青睐：2014 年完成 1000 万人民币天使轮、2000 万美元 A 轮融资；紧接着，2015 年又获得两笔融资，爱鲜蜂估值一度达到 3 亿元。

另外一家生鲜 O2O 多点 Dmall，则是选择与传统商超合作，依托后者做周围三公里的生鲜配送服务。

资本的狂热以及野蛮生长的生鲜 O2O 的竞争，让老牌的生鲜电商企业蠢蠢欲动，他们最终还是决定成立了 O2O 项目，典型代表如天天果园、本来生活。

―――――――――

① 中商情报网 . 2018 年中国生鲜电商行业研究报告 ［EB/OL］. https：//finance. ifeng. com/a/20180413/16078771_ 0. shtml，2018-04-13.

2015年8月，天天果园完成京东领投的7000万美元C轮融资后，开始正式启动"天天到家"O2O服务。满怀信心的王伟还公布了公司在O2O项目的目标：2016年做到每天50万单；2017年做到每天100万单。

天天果园的具体玩法是：推出天天到家平台，以果汁、水果为主，通过"门店+前置仓"的模式进行两小时配送服务，业务逐步覆盖北京、上海、广州、深圳和成都五个城市。到了2015年底，天天果园的O2O门店已经达到100家。①

第二节 生鲜流通渠道的变革与创新

一、线下线上：菜贩子与生鲜电商的渠道争夺战

1. 为什么生鲜渠道成为投资新热点

生鲜流通，在现代流通领域，被称为抢占消费者的最后"主战场"，因此，备受各路资本投资者、实体经营者、市场运营者追捧。

生鲜之所以吸引各界关注，除了它自身的消费特性和高成长性外，一个重要的原因就是高毛利率，而这种高毛利率，主要源于生鲜商品价格的不透明，信息的不对称。例如，土豆从原产地田间的收价一般为1.25元，到一级批发市场的2.50元，再到超市零售端的2.80元，最后到餐桌的12元，加价率为12倍。再如，猪肉从养猪场收购价格8.50元，分割后排骨价格9.50元，超市零售12.50元，餐桌50元，加价率5.88倍。生鲜的魅力就在于此，高频消费、海量现金流、高毛利，这样才会使得资本如此青睐。

随着人民生活水平的不断提升，对生鲜商品也产生了丰富的需求，且

---

① 赢商网，http://news.winshang.com/html/065/1799.html。

生鲜大多属于日常生活消费刚需，易消耗；重复购买率高，现金流充裕健康，支出稳定的特征，可以预测其价值。

2. 农贸市场仍然是传统生鲜渠道的枢纽

农贸市场是目前生鲜供应链的主渠道，包括大型批发性农贸市场和社区零售性农贸市场。一类是全国十大农产品批发市场，主是集散性批发市场，其中有北京新发地、大钟寺；重庆双福；山东寿光；深圳布吉；广州江南等。另一类是农产品产地批发市场，山东烟台苹果批发市场等，这类大型农产品物流中心的年交易量很大，但批发市场数量有限。

城镇农贸市场，属于社区零售性农贸市场，一般处于农产品物流中心的下游，是面向城乡居民消费的集贸市场。农贸市场是生鲜生产者与贸易商、销售商、消费者双方直接进行买卖活动的场所。

农贸市场的主要作用包括两种：一是调剂余缺，最大程度上讲单品销售最大化，以缩短上市时间，保持商品鲜度；二是农副产品生产者直接获取产品信息。实现源头追溯的可行性，并有效地把握食品安全和检疫措施。

在传统生鲜流通中，菜贩充当着极为特殊的角色。农贸市场摊位是相对垄断的资源。政府定点农贸市场近年来一直在减少，与城市规模的发展速度并不协调。农贸市场数量不足又相对垄断，这可能是目前农贸市场菜价比社区小店卖得贵的原因之一。例如，在农贸市场、几百米外的某超市，小白菜卖 4.2~4.5 元/斤时，附近的社区小菜店里的售价是 3 元/斤，菜贩子是 1.8 元/斤。

菜贩子为什么赚钱？一是菜贩子的经营之道，采购渠道自控，市场反应快，深夜采购，清晨上架；二是小规模经验值品项控制，对周边市场的熟悉程度和消费习惯有深刻领会；三是毛利高，流通速率大，残损能够及时处理。

3. 传统实体生鲜渠道面临的困境与机会

不可否认，当前，在生鲜下游流通环节，农贸市场依然占据主导地位。根据中国产业信息网 2016 年的数据显示，73% 的农产品是通过农贸市场流通到消费者的餐桌上的，通过大型超市流通到终端消费者的占比为

22%，生鲜电商的份额占到了 3%。

但是，随着零售业态和消费升级的变化，农贸市场在农产品流通渠道的份额正在下降。来自 Euromonitor 的数据显示，2012~2017 年，农贸市场在农产品流通渠道的份额在下降，而其他渠道的占比在增长。

由此可以看出，生鲜品类正在发生明显且漫长的渠道变迁，其走向是农贸市场作为传统的流通渠道份额进一步下跌，其市场份额被更为高效、先进的现代流通渠道替代，农贸市场的转型势在必行。

在现实条件下，农贸市场及其他传统生鲜渠道的困境正逐步显现。例如，农贸市场链接供给和需求，但也有着很大的缺陷：会给城镇规划管理中的垃圾处理、环境保护、市容管理以至城镇土地的利用带来很大矛盾。如蔬菜中毛菜和净菜销售的结果比较，100 吨毛菜可以产生 20 吨垃圾，由此产生了一个数额惊人的无效物流成本（其中包括：垃圾处理、环境保护、市容管理方面的成本在内）。

又如，运输和物流成本。相比建材等普通货物，蔬菜比重小，同样一辆 30 吨的货车，运输建材能超载很多，而蔬菜由于体积大，甚至难以达到 30 吨。运输过程中，由于蔬菜是易腐烂物品，使用冷藏车每小时就要多耗费 5 升油料。如果不使用冷藏车，那就需要事先到冷库预冷，再使用保温措施进行远程运输。蔬菜预冷时间为一天一夜，每吨 60 元，再加上搬运费等，一吨蔬菜装上车成本至少增加 80 元。道路堵车、车辆损坏等都可能让蔬菜烂掉，每年有 6% 左右的蔬菜要损失在运输过程中，而这肯定也要加到菜价中去。运输车辆激增，由于运输业门槛较低，竞争激烈，导致运费难以增加，再加上油价总体不时攀升，最终导致了菜价高起但运输户依然盈利很少的情形呈现。

然而，技术进步又给生鲜流通在摆脱困境方面提供了新机会。生鲜零售的快速发展离不开愈加成熟的供应链和冷链仓储物流技术，这是保障生鲜品质的根基。生鲜品类具有难储存，对运输要求高的特殊性，由于物流成本的不断降低，使得海南的香蕉、岭南的荔枝、陕北的小尾寒羊能够快速分拨和集散，而冷链仓储技术的进步赋予生鲜新零售新的可能性，包括智能供应链、智能物流技术的逐步商用，以及智能手机和移动支付的普及，都为生鲜新零售的实际落地奠定基础。

4. 菜贩子生鲜电商的优弱势

互联网风口下电子商务发展迅猛，为生鲜电商渠道的诞生提供了发展契机。供给端，电商企业经过对原有业务的深耕开始向外谋求新品类的发展，生鲜、母婴、跨境等领域成为热点；需求端，随着电商以及配套物流的逐步完善，消费者体验到线上消费的丰富度、购物乐趣以及在家收货的便捷性，因而启发对生鲜品类的线上消费需求，因而生鲜电商应运而生，加之各路资本助推加持，发展迅猛。2017 年中国生鲜电商市场交易规模约为 1391.3 亿元，同比增长 59.7%，增速持续下降但仍保持在 50% 以上。

菜贩子与生鲜电商基于不同的渠道体系和赢利模式，二者之间从一开始就存在着剧烈的冲突，尤其是生鲜电商对传统生鲜消费方式的改变几乎对传统菜贩子形成沉重打击，严重削弱了生鲜实体渠道的生存空间能力。可以说，近几年来，所有的农贸市场、生鲜超市、肉菜市场等都受到了影响。

然而，不可否认的是，当一轮冲击过后，发现生鲜电商自身的问题越来越多，而线下实体市场和门店却又有着不可替代的优势。于是，人们开始理性地观察和思考着它们各自的优弱势。

就生鲜电商而言，它最大的问题是品类的丰富性、经营方式的灵活性和成本问题。几乎所有生鲜电商 O2O 平台都标榜自己是"产地直采"，真正能够做到的却极少，即使做到的也是单品采购，目前，市场上有不少生鲜电商所谓的产地其实就是附近的菜场超市和水果批发市场，之所以把产地直采作为产品的卖点，其实无非是想给消费者传递低价和新鲜的认知。产地直采可以带来两个好处，其一是具备了去除中间商盘剥后的价格优势，其二是可以更及时把控产地信息，比如天气、产量、品质等。

真正要做到产地直采，除了极少数全产业链生鲜流通企业外，事实上很难。

（1）生鲜是个多品类的项目，采购环节的投入成本将会大大提升。要保证品类多而全，这就意味着平台需要涉足多个原产地，一旦品类增多，并不能保证每个产品的销量，而量级上不来，采购自然也没有议价能力。生鲜价格变化非常大，无法掌控，季节性变化无规律，生鲜多为农副产品，凭借感官鉴定，缺乏标准，质量分级无法远程确定。

（2）从源头到仓储的物流成本是不小的开支。除了运输体系的建设，冷链仓储的搭建也是一项大工程。"要将易腐坏的产品以最低的成本进行储存且不发生任何传染性效应，以及将不同种类的产品储存在合适的温度范围内等都是不小的挑战。"

（3）仓储（门店）越多，产品在运输期间的损耗率就越大。这些损耗都需要买单，同时必须要接受的是，消费者对于这背后一系列的事情是无感知的，产品质量和数量的保证对于大众来说是最理所应当的，所以只消一次差的体验，他们就会离你而去。生鲜需求的购买随机性太难以控制，取决于日常的精细化管理，对于生鲜这种东西，重复购买，产生黏性取决于多种因素，如购买的便利性，产品的丰富性，新鲜度等一系列要素。

正因为如此，尽管目前生鲜流通渠道大扩张，尤其是生鲜电商发展迅猛，但真正实现赢利的却几乎没有。原因很多，主要是经营者差异。一是电商精英的经营方式与传统菜贩子有差异。农产品价格只有在到达市场之后才知道售价，并且随着供需时时波动，很少有见到电商精英3点出现在农贸市场，不接地气的精英为此付出了惨重代价。库存、价格、SKU和损耗之间如何去平衡成了生鲜电商最大的问题，解决不了，就会出现品种单一、损耗过大、售价过高等问题，甚至引以为傲的冷链体系都将变成沉重的成本。二是标准化难以实施，采购品项无法把控（菜贩子是经验，电商追求标准）。三是生鲜电商物流链条太长，从采购到总仓、前置仓再到配送、售后，物理环节会造成非常多的损耗。四是依靠线上补贴无法带动销售，高频和即时性无法保证，黏性差。

二、双向互进：生鲜渠道线上线下的融合发展

无论是实体经营者的困境，还是生鲜电商们的难题，都是源于新形势下双方渠道没有实现互联互通和优势互补的结果。基于此，新一轮生鲜电

商扩张浪潮正在来临，即实体渠道与线上渠道开始走向融合发展，而这种融合的聚合点就是生区生鲜，即生鲜电商和生鲜门店在生鲜的"最后一公里"甚至最后三百米，找到了结合点。

1. 生鲜电商的业态创新

从"互联网+农业"的市场空间来看，生鲜产业有着 10 万亿元的市场规模，可以说，整个生鲜产业链足够长、足够难、也足够新。过去，我们过多地将眼光落在生鲜电商身上，而忽略了整个生鲜市场发展的重要性。据中商产业研究院发布的《2018~2023 年中国生鲜电商市场前景及投融资战略研究报告》数据显示，2017 年生鲜市场交易规模达 17897 亿元，整个农产品市场在生鲜领域预计将占比 50%，远远高于生鲜电商市场。

生鲜电商作为农产品电商的重中之重，2017 年的规模为 1418 亿元，线上市场渗透率也持续提升，达到了 7.9%。要知道，2016 年生鲜电商的线上渗透率还不足 3%。由此可见，生鲜流通不仅发展前景广阔，更主要的是，市场容量大，有利于各种新业态和新模式的探索。

从 2015 年开始，生鲜电商市场进入高涨期。Dmall 天使轮获得 IDG 一亿美金投资、苏宁超市上线"苏鲜生"、顺丰上线"顺丰优选"、华润万家上线"e 万家"、天猫超市在上海启动"双 20 亿计划"、阿里布局易果网、京东领投天天果园、百度投资中粮我买网、EMS 旗下生鲜电商"极速鲜"将正式进入市场、亚马逊开拓生鲜业务等，生鲜行业呈现一派繁荣的景象。

然而，B2C 模式长期依赖于资本输血，生鲜渗透率不足 3%。2016 年，生鲜电商遭遇了资本寒冬，企业纷纷谋求转型，有的开始精耕细作强调效率和成本，有的则看到了 B2B 的发展机会，选择转型，进行模式和业态的进一步创新。随着 B2B 模式的进入，相比较传统的流通模式优势有三：首先，生鲜批发市场是一个天然的仓库，企业按需下单采购，减少库存，节约了成本；其次，通过搜集整合订单，进行集中采购，也在一定程度上降低了产品损耗；最后，集中采购有批发优势，减少了采购的成本。

B2B 模式相较于 B2C 模式更垂直，也衍生出了很多创业机会，比如蔬菜 B2B 平台有美菜、链农、小农女等；水果 B2B 平台有本来果坊、好鲜生、果乐乐、果然优、中农易果等；猪肉类 B2B 平台有猪交所等；冻品类的 B2B 平台有冻品在线、找冻品网、全球冻品网等。此外，还有一批生鲜产品的电商流通平台，包括：大宗农产品电商平台：中农网、有粮网、16988、一亩田、粮达网、惠农网。B2B 生鲜批发平台：美菜网、宋小菜、链农、果乐乐、鲜易网、冻品在线、优配良品。传统农贸市场上线电商：北京新发地市场、山东寿光蔬菜批发市场、上海农产品中心批发市场。农产品仓储与物流：顺丰集团、达达、九曳生鲜供应链、菜鸟物流、安鲜达、黑狗。

在大量生鲜电商创业和发展的同时，相关的业态模式创新也逐步明晰化。实际上，自 2017 年新零售概念提出以来，生鲜电商的业态创新就层出不穷，已经创新出一批生鲜电商新业态，比较典型的有三类，即前置仓、社区便利店和社区拼团。此外，还有各种生鲜电商平台以及新兴业态。

所谓的"前置仓型生鲜电商"，相当于一批生鲜电商开始直接当新型"菜贩子"了，具有代表性的有苏宁小店和盒马菜市。目前来看，苏宁小店主要围绕在小区周围布局，采取线上线下双店联动的模式，更是在店面附近布局前置仓。那什么是前置仓呢？就是类似于一个仓库基地，可以随时取货的。既然有盒马鲜生和京东等种种电商平台负责三公里的零售生鲜业务，那为什么通过前置仓卖菜这事情，电商还要争先恐后入局呢？主要还是要因为现有的前置仓更进一步缩短了用户与店铺之间的距离，从原有的 3 公里变成了 1 公里，极大地降低了物流成本，而且用户也能在更短时间内拿到商品，再加上价格比较的问题，通过前置仓的方式一下子就得到了很多支持。

2018 年，叮咚小区开始将战略目光聚焦于买菜，依托于他原有的叮咚小区的前置仓，叮咚买菜有着非常大的优势，仅在 7 个月就完成了 5 轮融资，获得数十亿资金。从目前市场来看，由于超市的覆盖性问题，买菜领域依然还有较大的客户需求，而叮咚买菜的成功更是说明了市场巨大，截止到 2018 年底，叮咚买菜的日单量就在 15 万以上。除了前置仓电商，还有两股势力瞄准小区用户居民，分别是社区便利店和社区拼团，随着电商大佬们的不断入驻，未来生鲜电商之战必定会成为一场持久战。

2. 生鲜市场竞争与线上线下渠道布局

据阿里研究院预测，到 2020 年超市、其他渠道、电商渠道占比分别为 50%、35%、15%，可见线下渠道的重要性。因此，在新零售时代，不少企业巨头，无论是传统商超还是电商，都不约而同选择涉足生鲜领域。

在品途智库与中国电商委、潍坊市商务局三方联合发布《2017 中国农业互联网化研究报告》中显示，生鲜电商平台、综合电商平台、新零售平台、商超连锁、生鲜连锁、食品连锁、便利店、餐饮等，都在进入生鲜领域，开始渠道布局。

(1) 专业生鲜电商。生鲜电商逐渐改变了消费者的消费习惯，沱沱工社、顺丰优选、百果园、每日优鲜等一大批生鲜电商相继走红，无论是 B2C 还是 B2B 都兴盛发展。其实在这个时期，生鲜电商的发展除了有赖于消费者习惯的养成，也在于生鲜供应链的建设以及产业标准化建立。

资料二

百果园进军生鲜电商，上线"百果心享"

2019 年 4 月，百果园举行"百果园大生鲜战略"发布会，正式对外宣布百果园进军生鲜领域，从水果到生鲜品类扩充，并推出独立生鲜平台"百果心享"，涵盖"心享商城""心享会员"两大业务线。据统计，百果园 2018 年销售额超 100 亿元。

百果园创始人、董事长余惠勇称，"百果心享"的推出，一方面是基于消费需求，同时也是基于百果园的"三个转变"。百果园将从经营产品向经营顾客转变，从经营门店向经营平台转变，从水果连锁零售公司向科技型、金融型的集团公司转变。与此对应的是，百果园将深度挖掘会员价值，深度挖掘店仓价值，深度挖掘供应链价值。

目前，百果园在终端拥有 3700 多家门店，23 个全温区仓配中心，覆盖全国 70 多个城市。线上方面，百果园数字化会员达 4500 万，其中百果园 APP 用户数达 700 万，"百果园+小程序"用户数达 1500 万、DAU 突破 50 万，社群覆盖人数超过 400 万；2018 年线上销售额突破 20 亿元。会员价值层面，百果园推出了全新的付费会员体系，即"百果心享会员"。目前，百果心享会员数已达 10 万。

店仓价值层面，百果园 3700 多家门店相当于心享商城的前置仓。依托现有平台优势，可快速实现规模化运营，通过线上拓宽品类、线下做专水果的业务叠加方式，提升门店的客单价和复购率，从而为门店带来更大的增长空间。

在供应链层面，百果园建立了一套完善的从产业端到消费端的全链路交付体系。从商品产地、供应商到配送中心，通过百果园干线物流，再到百果园一体化门店，百果园将田间地头和到达消费者的各环节信息串联起来，实现端到端的数字化、标准化管理。

在运营模式上，针对产品的研发，"百果心享"提出了"三不"原则，即没有行家不做、没有专家不做、不到源头不做，坚持高品质、高营养、高安全的选品标准，以及坚持高性价比的市场策略，将运营的重心放在商品力的打造上。依托现有经营体系，"百果心享"选择了"小程序+"到店场景切入，即顾客在心享商城小程序下单后，次日可到百果园门店自提。

发布会上，百果园发布了首个生鲜商品"百果心享优生蛋"。"百果心享"负责人孙鹏介绍，"百果心享优生蛋"从产蛋到门店不超过 5 天、可以生吃的鸡蛋、18 道工序、38 项检测标准……"百果心享优生蛋"目前已在心享商城上架，陆续在北京、上海、广州、深圳、南京等地铺开。百果园集团副总裁焦岳还透露，"在上游，百果园从日本引进的'BLOF'（一种现代有机种植技术）已经落地，首批应用 BLOF 的叶菜于 2019 年 10 月在心享商城正式推出。不用化肥、不打化学农药，从改良土壤开始实现生态种植。"

2019年将开发50款左右"百果心享"自有品牌食材商品，百果心享会员数有望突破100万，心享商城首年销售目标突破1亿元，同时顾客满意度大于99%。据了解，未来心享商城除了社区到店自提服务，还将推出到家服务，以及会有独立的线下门店。

谈及百果园做生鲜的核心竞争力，余惠勇认为，"好的养殖从好的种植开始，有好养殖，才有好加工，有好加工才有好食品；食品领域种植是基础。种植系统的认知积累和保障性，是百果园做生鲜的核心竞争力。"

（2）综合电商。在线上消费端拥有非常好的用户资源优势，在生鲜产业链的价值发挥主要集中在农产品流通和终端销售领域，同时也极大地推动中国冷链物流的发展，此外农业金融也成为巨头布局和抢夺的重点方向。

资料三

美团买菜加速布局　3个月内服务站达10家规模

据报道，美团买菜2019年4月15日正式宣布，上海峨山路站将于2019年4月17日新站开启。这意味着，从2017年1月启动测试以来，美团买菜在京沪两地的服务站达到10家规模。此前，美团买菜已开通北京天通苑、北苑、姚家园3个服务站，以及上海三泉路、周家嘴、康桥路、江苏路、张杨路、天目中路6个服务站。短短3个多月时间，美团买菜的服务站已拓展至10个，显现出"前置仓"模式的易复制性和扩张速度。美团称，前置仓的这个优点"可能会被各路玩家资本逐渐放大"，甚至成为"胜负手"。

2019 年 1 月，美团买菜启动测试，以"手机 APP+便民服务站"模式，聚焦"三餐食材"等核心日常生活消费品类，通过"前置仓"的社区化选址和即时配送系统，为周边社区居民生鲜零售及配送服务。测试期间，美团买菜 0 元起送、免费配送、最快 30 分钟送达，配送范围为服务站点周边 2 公里内。

与饿了么、京东到家所采取的平台模式不同，美团买菜采取自营模式，可以严控商品品质和配送服务质量等。作为社区居民的"手机菜篮子"，美团买菜瞄准"厨房"场景，在品类上聚焦新鲜蔬菜、水果、肉禽蛋、海鲜水产、米面粮油等"三餐食材"。

美团买菜的营业时间从早上 7 点开始、晚上 9 点 15 分结束，在消费习惯上与居家做饭需求更契合，更好地解决社区居民"早起做早饭、晚归做晚饭"的"手机买菜、送菜上门"问题。同时，美团买菜的配送订单高峰主要出现在饭点之前，能够与外卖订单形成错峰互补，对美团既有的配送运力产生平抑峰谷与互补作用。

美团方面认为，美团买菜业务的开展体现了美团的战略重心。同时，美团买菜自营的模式，更利于品质的把控，加之自有的配送服务体系，业务之间的协同价值正不断扩大。美团方面还表示，一直以来，美团做的就是综合性生活服务电商。美团建立的服务体系，已经覆盖到生活服务的各种场景，并聚焦以"吃"为核心的"Food+Plat-form"战略，同时，美团在餐饮供应方面一直有所侧重。有了食材供应、餐品配送及相应技术服务、基础设施等上游供应链的支撑，美团买菜业务的推进就容易得多了。

（3）新零售企业。有数据显示，基于新零售的市场利好，生鲜电商的渗透率得到提高，同时基于线上线下的结合，不仅提升了市场效率，也呈现出了新的变化。第一，改变了零售形式，单纯的购物增加了餐饮和娱乐的比重；第二，改变了客户关系，体验和服务比例提升；第三，改变了盈利结构，店内的坪效计算方式也随之改变；第四，改变了运营效率，实体店和电商的界限更加模糊。

（4）商超连锁。具有强大的线下流量优势，现阶段仍是生鲜等农副产品终端销售的主流渠道，依托互联网的快速发展，尝试通过电商业务推动线下业态升级，同时强化供应链资源整合，大幅提升农产品流通效率。

（5）生鲜连锁。生鲜连锁店的产品多样化，价格优势明显，易形成自己的特色。生鲜连锁大多深入社区，一方面，节省消费者时间，减少出行距离，购物便利；另一方面，由于国人集中式的小区居住方式，近年来城市人口增多迅速，社区化开始形成，生鲜进入社区填补了专业连锁性社区生鲜市场的空白。

（6）食品连锁。良品铺子进军生鲜电商，来伊份也要试水生鲜，从零食到生鲜，也有生鲜的机会。但是做零食生鲜在品类上有局限性，比如只在现有零食上做延伸，比如只追寻高档珍稀类生鲜，比如樱桃、大枣、石榴等可以制成果干的生鲜品类。

（7）便利店。无论是传统便利店、连锁便利店、社区便利店，还是夫妻店，2017 年已经有不少便利店试水生鲜，如 7－11、全家、好邻居等。在商圈物业租金居高不下之际，传统基于商圈布局的一些日系便利店企业的复制拓店实际上遇到了一些瓶颈，于是"+生鲜""+线上"，近社区，便成为便利店企业的一个业务发展方向之一。

（8）餐饮企业。随着"80 后""90 后"成为家庭消费的主导以及懒人经济的发展，越来越多的消费者习惯在外就餐，或者在超市购买生鲜半成品、成品，降低时间成本。"生鲜+餐饮"为消费者构建了"饮食+社交"的场景，满足了他们"方便省事、吃得好吃得省"的消费需求，同时也为他们提供了一个社交互动的场所。

最典型的是盒马鲜生，通过"生鲜超市+餐饮体验+线上业务仓配"模式，为周围居民提供 3 公里范围内半小时送达服务。当前的超级物种大多采用"零售+餐饮"的模式。

3. 生鲜电商与全产业链生鲜流通体系的构建

在互联网出现之前，在生鲜电商出现之前，传统的生鲜产品流通终端是大型农贸市场。生鲜从田间地头、要经过产地批发市场、销地批发市场、大型农贸市场，最后才能到消费者手里。传统的农产品流通环节过长，渠道臃肿，加上产品非标、无冷藏设施，造成的生鲜损耗率达 25% ~ 30%，导致生鲜行业流通成本过高。

而"互联网+生鲜"的出现，改造和优化了生鲜结构。同时生鲜高达数千亿的市场规模、高频次的消费、刚需的特性，使其成为新零售时代的"风口"。但由于生鲜流通产业链的特性，越往上游溯源，越会发现生鲜流通收益与产业链长短成正比关系，于是，抢占和拓展渠道环节的竞争，直接演变为国内生鲜领域的大并购。

2017 年，生鲜领域共发生了 13 笔投资，投资金额达到 52.56 亿元，其中，广为人知的有百果园获 15 亿元人民币以上 B 轮融资，用于果品研发与品类品牌建设；每日优鲜 2017 年共融资 4.3 亿美元，用于上游供应链和社区冷链建设；易果生鲜获 3 亿美元融资，用于旗下冷链公司安鲜达的基础设施建设；永辉计划出资 5.4 亿元购买国联水产 10% 股份，用于加码上游供应链。

从目前全国生鲜电商产业链构建的格局看，已经初步形成了若干个派系。

（1）联想系：以佳沃集团、九橙餐饮、佳沃鑫荣懋集团为主。

2017 年 9 月，联想控股旗下佳沃集团正式宣布战略投资九橙（上海）餐饮服务有限公司，投资金额尚未透露，但佳沃集团将持有九橙餐饮 68% 的股份。

佳沃集团一直深耕原产地供应链，与联想控股先后投资合资成立水果零售企业"佳沃鑫荣懋集团"、农业互联网领域的"云农场"，在主粮领域与黑龙江北大荒集团成立合资公司。

在投资上，同为联想系的君联资本投资了水果供应链"优食管家"，"优食管家"面向 C 端，做社区。可以看到，联想系这是一盘大棋，从农业基地，到批发商，再到零售渠道全面投资。

（2）阿里系：以农村淘宝、1688、喵鲜生、易果生鲜、安鲜达、天猫生鲜、大润发、苏鲜生、盒马、居然之家等为主。

阿里在生鲜上已经有了完整的布局。在上游，阿里巴巴宣布与五星控股达成战略合作，并将向五星控股旗下汇通达公司投资45亿元人民币，助力发展农村淘宝。在拓展农产品上，还结合金融、物流等服务促进电商在农村地区的渗透。

在流通层面，阿里更是多业态同时发力。淘乡甜通过产地直供为中小企业服务，线上有天猫生鲜超市；线下有苏鲜生、大润发和盒马鲜生；冷链配送上游易果安鲜达。可以看到，阿里系在生鲜上的布局是全链条的，无论是阿里旗下的，还是阿里控股的企业，都在按照阿里的生态布局发展。

（3）腾讯系：以京东、天天果园、永辉、超级物种、每日优鲜、拼多多、唯品生鲜、步步高为主。

腾讯系并没有形成一个完整的生鲜体系，但依靠社交流量的优势，特别是微信入口，支持不同业态的生鲜企业发展，这也许是腾讯要实现的一个梦想，当然，按照腾讯的逻辑，实现梦想并不是个体的事情。

京东生鲜43亿元入股永辉超市，永辉旗下子公司永辉云创推出超级物种，还有腾讯投资的每日优鲜、拼多多，在生鲜领域的业绩都很突出。

以阿里和腾讯为代表的互联网巨头在生鲜板块投入了越来越多的热情，从业态层面的竞争到供应链的整合无不涉及其中，除了阿里和腾讯之外，百度也在2015年以2亿美元入股中粮我买网，但从生鲜布局中可以看到，阿里和腾讯将生鲜作为必争之地。

消费升级趋势下的市场需求增强，生鲜具"民以食为天"的高消费频次和刚需的属性，对顾客具有更强的黏性，可以带来更多的流量，未来将会有更大的发展空间，这正是各方争相进入这个巨大市场的原因。

巨头打造上游供应链的优势十分明显，由于生鲜类商品保质期短，消费者最为看重生鲜类商品的品质，而将供应链向生产端上游延伸，不仅可以减少运输的时间，保证生鲜的品质，利于降低运营成本，提升整体营收。同时，还有助于促进零售企业对商品品质把控能力的提升，从而提高商品在消费人群的口碑。

除巨头之外，还有一批独立群体，它们另辟蹊径往生鲜中下游延伸，最具代表性的如百果园、本来生活、食行生鲜、顺丰优选等，它们各成一派，也在为生鲜供应链的建设及生鲜产业标准化发力。

第三节 国外生鲜进口渠道及其演变

一、国外优质水果进口渠道

随着我国居民收入水平的提高和消费升级的加快，注重"美食"的中国人更是将食品来源扩展到全球，在这种背景下，扩大生鲜商品进口就是一种大趋势，而且中国对外开放的不断深化和内外贸一体化进程的推进，生鲜进口规模、品类、范围的进一步扩大，将会直接推动中国生鲜进口渠道的大变革。从现状看，我国水果、海产品、牛肉进口渠道特别具有代表性。

1. 进口水果的分类及主要产地

所谓进口水果，顾名思义就是从我国大陆区域以外通过海关关口输入的新鲜水果，能够大量进入我国的进口水果大多是国外优质的水果品种。进口水果传统分类方式主要有两种：一是按国家和地区分，二是按品项分。按国家又有两种分类方式，一是概括地分为西货和东南亚货；二是按国家和地区细分为美国、智利、秘鲁、阿根廷、澳大利亚、新西兰、南非、津巴布韦、埃及、以色列、法国、日本、西班牙、泰国、越南、印度以及中国台湾。

按品项分就是按水果的品项，即苹果类、柑橘类、提子类、核果类、杂果类，其中苹果类包括红蛇果、青苹果、嘎啦果（加利果）、富士、红玫瑰等；柑橘类包括夏橙、脐橙、柑子、柠檬（尤里克）、柚子等；提子类包括红提（红地球）、无籽红提、无籽黑提等；核果类包括李子（黑红布林）、桃子、梨、杏、樱桃、芒果等；杂果类包括猕猴桃（奇异果）、龙眼、火龙果、蓝莓等。

数据显示，2017 年，我国水果进口额前十的货源地国家为泰国、智利、越南、菲律宾、美国、新西兰、澳大利亚、南非、秘鲁及厄瓜多尔。从以上十国水果进口额占我国水果总进口额的 89%。从水果品类来看，2017 年我国水果进口额前八位的果品为：鲜樱桃、鲜葡萄、香蕉、鲜榴莲、鲜龙眼、鲜火龙果、橙、鲜猕猴桃，其中鲜樱桃、鲜葡萄、香蕉、鲜榴莲和鲜龙眼这五类水果的进口量已经超过总进口的 50%。

2. 国外水果的主要优势和特色

我国幅员辽阔，全世界的水果品种在我国都可以找到适合的种植地。我国果品总面积和总产量一直稳居世界第一，同时果品的质量和产业化水平也在不断发展和提高。根据国家统计局数据，2017 年我国果园面积在1315.4 万公顷左右，其中苹果园面积占比为 18%，柑橘园面积占比为20%，为规模最大的两类果园。

然而，我国水果规模如此之大，为什么还要大量进口国外水果呢[①]？最主要的原因，就是很多进口水果品质上或成本上要优于我国同类的产品。

（1）欧洲。欧洲是最早实行农业现代标准化和大规模种植的地区，同时大量的人员移民将现代农业技术和标准带到了北美、澳大利亚、新西兰等地，现在我们在进口水果批发市场可以看到，这些地区的水果是标准最高、品质最好的。

（2）南美（如智利）、非洲。这些国家以前被欧洲资本主义列强殖民过很长的时间，当地民众承袭了殖民者的种植、管理技术和产品标准。不过由于南美、非洲一些国家的民众对产品品质的追求没有欧洲人高，所以

---

① 数据显示，2014 年起我国水果进口开始超过出口量，2017 年，水果进口量达到 456.27 万吨，出口量达 361.19 万吨。2018 年 1~7 月，水果的进、出口量分别为 350.63 万吨、268.57 万吨。

我们在市场看到欧洲、澳大利亚、新西兰的水果品质平均水平要高于南美、非洲的。

（3）东南亚。东南亚的水果整体标准又要低于南美的水平。不过它们能将水果卖到我国，还是标准做得比我国国内要好一点。此外，东南亚的泰国、越南、缅甸、老挝的人力成本、土地成本等都远低于我国，东盟国家的关贸协定及民间大量的边贸活动也使东南亚水果进入我国的门槛变得比欧美地区要低。

（4）中国台湾。水果品质平均水平大致与南美相当，但品种上与中国大陆完全吻合，基础成本又高于中国大陆。中国台湾水果销往大陆，很大一部分原因是政府的大力支持。

（5）日本。日本水果的品质世界领先，日本人追求极致的工匠精神。卖到中国的日本水果，从包装到产品本身的品质，都让我们不得不叹服。

从现实情况看，我国目前进口水果规划数量最大的还是东南亚地区，主要是泰国、越南、老挝、马来西亚、缅甸、菲律宾及中国台湾等，这些地方的水果种植产业比较发达，而且距离近，水果流通渠道体系也十分完善。美国也是向我国出口水果最多的国家之一，美国大面积的现代农业还是比较有竞争力的。南美地区智利向我国出口的品种与货量都是最多的，尤其是车厘子，智利有70%以上的车厘子发往中国。

不过，东南亚地区的水果和国内水果的渠道竞争十分激烈。因为其许多品种、产季完全与国内重叠，如菲律宾香蕉、芒果、泰国龙眼、缅甸甜瓜、火龙果等，在一些品种的种植条件上优于我国同类产品，并且东南亚一些地区土地、人工成本较低，同时由于物理距离较近，我国对相邻国家的边贸（尤其是陆地国土相邻的越南、缅甸、老挝等国）活动相对宽容，每年都会有大量的菲律宾香蕉和凤梨，泰国龙眼、榴莲、山竹，越南的榴莲、火龙果等输入我国。

3. 我国进口水果市场迅速扩大的主要原因

我国进口水果规模逐年增大的原因主要有四个：

（1）进口水果品质好。进口水果是由于品种优势，口感更好；有的水果利用季节反差，填补市场空缺；还有些水果利用先进的种植技术，提高生产效率，有价格优势。

生产模式先进、产品品质好，加上流通方便，很多进口水果可以低价进入中国市场，或者是走高端路线，也可以在消费升级的环境下满足很多消费者的需求，所以进口水果才可以在中国市场上热销，而国产水果却因为生产技术较低，导致品质较低价格较高，也因为流通渠道问题，导致滞销。

（2）进口水果的渠道下沉。近年来沿海的高能耗、高污染、劳动密集型企业很多转向周边的泰国、越南、老挝、缅甸，还有一大部分转向我国中西部地区，这样带来了外出务工人员的大量返乡就业，这些返乡的工人将在沿海对进口水果的认知与消费习惯带回了家乡。

（3）水果是生鲜类中最先进行经营者换代的类别，大量年轻的水果零售从业者，不断地寻求更标准化、更好品质的水果货源，这样进口水果的渠道就迅速地铺满几乎所有的县级市场。

（4）另外有一些东南亚国家虽然与我国签署了水果相关的关贸协议，但因为产品或运输等方面没有优势，却很少向我国输出水果。比如：印度的芒果和葡萄、土耳其的樱桃（车厘子中东的大产区，产季与美国车厘子及我国产大樱桃的相近，如果开始向我国输入，夏季进口车厘子的格局将改变）、塔吉克斯坦的樱桃（车厘子）等。

4. 进口水果进入中国市场的主要渠道

进口水果进入中国的渠道，是由一批国际水果采购商、经销商、代理商，根据国家出台的相关贸易规划和流程，逐步构建和完善的。这包括正规渠道和非正规渠道。判定是否"正规"，主要是根据进关手续。通常情况下，所谓"进关"，即进入和通过中国海关。正常情况下，完全按照国与国之间的商贸协定与检验检疫手续、如实报关缴税的，就是正规渠道；反之，通过各种方式进行走私，则是非正规渠道。

国外的农场一般都有编号，农产品采摘后经过初包装进入冷库预冷，降低生理温度，储存；然后进入加工包装环节，进行清洗、分选、装箱、打板，这个环节中机械化程度比较高，苹果类的还要经过打蜡（食用蜡）

增强保鲜效果。大多情况下，加工包装环节由专门的包装厂完成，以保证产品质量。每箱水果的水果箱上都有标签标明品种、规格、箱种、农场号、包装厂号，包装日期等信息。包装箱堆在栈板上，每个栈板上也有一个标签来标明相关信息，很多都是条形码。

水果被堆在栈板上就可以由叉车直接转运到冷藏集装箱里面，放入温度跟踪记录仪，封箱，经过所在国检验部门海关等检查就可以装船运输了。

当装满新鲜水果的集装箱到达码头后，要经过报关报检程序合法才能通关放行，大概需要 2 天左右时间，放行后由集装箱卡车转运到批发市场，但不是进行销售，而是要出入境检验检疫局对商品进行检验，主要是检测冷藏箱冷处理能力（有些害虫在低温下足够长时间可以消灭，比如 0.5℃下持续 15 天），商品是否有虫。只有检验合格才能进行销售，如果不合格就要对货物进行处理，比如，重新冷处理、熏蒸或销毁。

水果的国内流通这才正式开始，第一步，水果贸易商将合格的水果批发给水果经营商，这是水果批发的第一级批发，相应的市场也称为一级批发市场。名气最大的是广州江南市场，其他有上海龙吴路市场，这一级市场里面，水果主要走向两个渠道，一是超市供应商，二是二级批发市场的商户。第二步，超市供应商的货经过由超市配送中心至超市门店或者直接到超市门店的方式与广大消费者见面了。二级批发商户的货则经过下一级或再一级的批发流通到达遍布城市各个角落的水果店。第三步，消费者在超市、水果店、酒店、西餐厅、面包店等地方购买或品尝到品种丰富，口味独特的各国水果。

我国进口水果的集散地主要集中在十多个一级交易市场。主要有广州江南市场（龙头老大）、上海辉展市场（华东进口水果中心市场）、北京新发地市场（只部分算一级市场）、广西蒲寨市场（口岸市场——越南水果比较多）、郑州万邦市场（航空港可直接进口一些高端水果），厦门水果市场（中国台湾水果）当然还有不少市场的货也是直接从国内产地发过来的，比如宁波水果市场等。

目前，广州江南果菜市场，是亚洲最大的蔬果交易市场，也是我国进口水果最大的交易市场。未来，随着欧亚铁路的车次、覆盖的国家越来越多，进口水果从欧洲、中东各国通过铁路运输到我国，整个效率比海运要高很多，那时整个进口水果的货源格局将有巨大的变化，西安、郑州的进口水果将有大的飞跃，交通四通八达的郑州万邦市场将成为我国进口水果的中心市场。

同时，在这些进口水果的渠道构建中，一批进口水果批发商发展了桥梁作用。目前，我国已经有一批大型水果批发商，年交易额大多在 10 亿元以上，如广州展卉、金果、张明、农富等。这些大型进口水果商都拥有自己的渠道体系，如广州展卉公司在全国十四个大型水果市场（广州、温州、杭州、南京、上海、长沙、武汉、贵阳、成都、西安、武汉、沈阳、天津等）有连锁的水果批发档口，不断开发自有品牌的水果基地，还与大量的超市、电商、连锁水果店有深入的合作，单从交易额来讲，已经是国内最大几家的水果批发商之一了。而且，它还为中小水果商提供散件的水果供应链服务，通过广州江南市场的优势水果物流，加上自有优势水果货源及从广州总部到全国各地分公司的专线物流线路，每天为内地大量的中小水果店、微商发货。

5. 进口水果新渠道——以智利车厘子借助跨境电商走红中国为例

据国家农业农村部公布的数据显示，2018 年我国水果进口 84.2 亿美元，同比增长 34.5%。以车厘子为代表的进口水果越来越多地进入寻常百姓家，成为消费升级的样本①。

据生鲜电商公布的《2019 生鲜年货消费报告》显示：2019 年春节假期，智利车厘子的销量同比暴涨 32 倍多。苏宁易购公布的春节消费指数也显示：智利车厘子销量比去年同期暴涨了 12 倍多。很多网友算了一笔账，一颗车厘子价格在 1~6 元不等，不少一线城市的白领都感叹月薪过万也难以实现"车厘子自由"。沃尔玛公布的 2019 年春节全渠道消费趋势显示：春节期间热销的当季水果智利车厘子，很多都是被整箱购买的，部分门店甚至被短时间内一抢而空。

---

① 许悦. 车厘子登上水果销售 C 位，实现"进口水果自由"的门槛日益降低 [EB/OL]. 羊城晚报，http：//www.chinaqw.com/jjkj/2019/02-27/216383. shtml，2019-02-26.

目前国内市场上的进口车厘子绝大部分都是产自智利，个头越大、价格越高。前几年，500克的车厘子动辄过百元。但随着近年来供应量增加，价格越来越亲民。对进口影响较大的因素还有关税，2017年，中国—智利自贸区升级谈判达成协议，双方97%以上的产品实现"零关税"，车厘子就是其中之一。2018年以来价格越来越低的还有泰国的山竹。泰国山竹价格的日益走低，则是因为中国消费者改变了国外的一个种植业。在泰国、马来西亚和印度尼西亚，为了满足中国市场巨大的需求而大面积种植山竹，供应量大增。

推动进口生鲜水果进入寻常百姓家，生鲜电商也是重要的一环。在苏宁易购平台，2019年春节期间卖出了50万公斤智利车厘子，比2018年增长了1268.6%。之所以如此，主要归功于各电商平台的供应链建设，从智利、澳大利亚、新西兰原产地直采，去除了多重中间环节，降低了成本。这些进口水果在中国二、三线市场销量井喷，市场需求倒逼供应链不断优化。苏宁目前在全国已建成45座冷链仓，覆盖全国179个城市。同样，沃尔玛的智利车厘子则携手供应商从南半球直采，从枝头到货架全程严格进行冷链运输及温度监控，线上线下全渠道推出仅一周的时间。进口水果成为消费升级的一个样本。

二、国外三文鱼进口渠道

1. 海鲜贵族三文鱼及其产地分布

三文鱼是鲑科鱼类和虹鳟鱼类的商业称谓，三文鱼银灰色，身体侧扁，背部隆起，牙齿尖锐，鳞片细小。三文鱼主要分布在太平洋北部及欧洲亚洲东北美洲的北部地区。目前中国市面上进口的三文鱼主要为大西洋鲑鱼。随着我国居民生活水平的不断提高，不断追求营养与健康，对三文鱼的需求日益旺盛。

世界三文鱼的生产主要集中在欧洲和北美洲地区，主要为深海捕捞和人工养殖。深海捕捞产量较大的国家有俄罗斯、美国和日本。野生三文鱼主要分布在高纬度的北大西洋和北太平洋海域。目前，捕捞的三文鱼有30

余种，以驼背大麻哈（也称细鳞鲑）、红大麻哈（也称红鲑，大马哈鱼）和银鲑三种产量为主。

人工海水网箱养殖三文鱼最早源于挪威，产量也最大，如今挪威、智利、苏格兰、加拿大、法罗群岛和澳大利亚是养殖三文鱼产量较大的国家或地区，目前全球市场的养殖三文鱼基本都由以上六个国家和地区供应。以上国家除了国内消费外，更多的是出口到世界各地。

据统计，全球三文鱼消费最重要的市场是欧洲（100 万吨左右）和美国（40 万吨左右），俄罗斯的消费市场在下降，巴西的消费市场处于波动状态，亚洲消费市场是 30 万吨左右，而其中的中国市场仍保持着较快的速度增长。2019 年中国大陆进口了 67000 吨左右的冰鲜养殖三文鱼，这些三文鱼主要来自挪威、智利、法罗群岛和澳大利亚。比 2018 年（6 万多吨）增长了不少。

2. 我国三文鱼进口渠道的形成与演变

（1）1985~2010 年，挪威三文鱼占据主导地位。早在 1985 年，挪威三文鱼就开始进入中国市场。随着改革开放，20 世纪 90 年代市场经济体制落成后加大了进口海鲜进关的便利，挪威三文鱼在 20 世纪 90 年代中期曾一度占据中国近九成的三文鱼进口量占比。进入 2000 年后，智利、英国等三文鱼养殖技术较为先进的国家将其产品逐渐出口到中国，但挪威三文鱼凭借丰满鲜美的口感以及市场份额一直占据榜首。

2010 年，挪威三文鱼销往中国大陆已达 1.2 万吨。在中国市场 80% 的三文鱼是生食的，进口至中国的三文鱼多为 7 公斤以上规格。大规格三文鱼的脂肪含量高，生食口感好；在欧洲所售多为 3~4 公斤。但是，2011~2016 年，受制于中挪两国关系冻结，中挪水产品贸易也进入低谷，挪威三文鱼首当其冲，在中国市场几乎降至冰点。根据《金融时报》2013 年提供的数据，挪威在对中国三文鱼出口中所占的份额从 2010 年的 92% 大幅降至 2013 年上半年的 29%。

（2）2011~2016 年，智利、法罗群岛、加拿大占据前三名。随着挪威三文鱼的渐行渐远，取而代之的是美国、日本、俄罗斯等国家野生冷冻太平洋鲑鱼，此时来自智利、加拿大、法罗群岛等国家地区的三文鱼进口份额占比明显增加。2006 年 10 月 1 日中国与智利双边自由贸易协定生效，由于两国互相贸易之间的"零关税"，并在此基础上凭借养殖优势促使智利三文鱼开始大量出口到中国。2011 年 1 月，苏格兰获得了食品出口安全资质，来自英国的三文鱼被允许直接出口到中国。

据中国海关 2016 年进口数据显示，智利、法罗群岛（丹麦的海外自治领地）、加拿大、英国和澳大利亚的鲜冷大西洋鲑鱼进口数量都排在挪威之前。挪威鲜冷大西洋鲑鱼进口量仅是榜首国家智利的 1/23。各国通过一系列在中国的营销推广活动以及政贸合作等方式，很快将挪威市场份额甩在身后。其中，2015 年加拿大向中国市场出口冰鲜三文鱼比 2014 年增长了10.7 倍，达到 3757 吨，成为中国五大冰鲜三文鱼供应国，并超过挪威。

据统计，2011~2016 年中国进口三文鱼市场呈现"各诸侯"分裂割据态势。数据显示：2016 年智利三文鱼产量 539481 吨，其中 5.2%约 28053 吨出口至中国；苏格兰产量 24 万吨，其中 1.2%约 2880 吨出口至中国；加拿大产量 12 万吨，其中 4.3%约 5160 吨出口至中国；法罗群岛产量 9 万吨，其中约 9000 吨出口到中国；澳大利亚产量 1 万吨，其中 1200 吨出口至中国。

与此同时，国产的"淡水三文鱼"也开始抢占市场份额，其中中国青海等地养殖三倍体虹鳟在市场内也有较好反响。三倍体虹鳟主要集中在我国青海、甘肃等地的大型水库、高原湖泊以及库湾，年产量约 20000 吨，其全人工育苗技术主要依赖丹麦、英格兰、加拿大等国进口发眼卵进行培育。个体大、肉质细腻、味道鲜美的品质，使其在中国拥有一定的消费市场。除了养殖优质虹鳟鱼外，山东地区尝试养殖大西洋鲑鱼。2011 年山东企业首次尝试使用封闭式循环水工厂化养殖，目前年产量约 2000 吨。另外，在东北、西北及华北地区均有零星试样，来自中国本土养殖的大西洋鲑鱼在质量与规模上也在逐步提高。

（3）2017 年之后，挪威市场逐渐恢复。一方面是因为 2017 年之后挪威已经恢复了与中国的贸易关系，三文鱼市场也逐渐恢复；另一方面是随着中国消费者消费升级，对冰鲜三文鱼的需求增加，冰鲜三文鱼进口主要的增长点来自挪威,同时挪威冰鲜三文鱼的价格低于智利。

根据海关统计,我们将 2018 年和 2019 年的数据比较一下,从智利进口的冰鲜三文鱼数量没怎么变 (2.5 万吨多一点),而从挪威进口的冰鲜三文鱼数量从 2018 年的不到 1.5 万吨增长到 2019 年的 2.5 万吨,这说明中国大陆这两年冰鲜三文鱼新增的量大部分来自挪威。

另外,我们将近些年来挪威和智利冰鲜三文鱼的价格进行比较,2012~2014 年,挪威冰鲜三文鱼的价格略高于智利冰鲜三文鱼。但是 2015~2019 年,智利冰鲜三文鱼的价格略高于挪威冰鲜三文鱼。

随着中国消费者越来越青睐于冰鲜三文鱼,全球冷冻三文鱼在全球市场上并不是主流,在 2019 年中国进口了 1.5 万吨左右的冷冻三文鱼,主要来自智利,少量来自法罗群岛和英国,来自挪威的几乎可以忽略不计。由此可以预计,未来挪威进口三文鱼在中国市场的竞争力将不断增强。

3. 智利、澳大利亚、挪威三文鱼渠道竞争

(1) 智利是对中国出口三文鱼最多的国家。目前中国三文鱼供应市场中来自智利小规格三文鱼供应充足,渠道体系完善。近年来,多家中智合资三文鱼销售公司包括 Agrosuper、Los Fiordos、Salmones Multiexport 等公司在中国分部都相继扩大其在中国的销售市场,保持其在中国市场份额的同时,且都看到了中国未来三文鱼市场的巨大前景。因此,2017 年智利三文鱼供应商普遍增加了对中国的冷冻、冰鲜三文鱼出口,同时 AquaChile 等其他大型企业也在考虑在中国市场进一步扩张。

(2) 澳大利亚三文鱼在中国市场是后起之秀。澳洲养殖三文鱼是全球体型最大的大西洋鲑鱼品种之一,由于中国对大规格三文鱼消费的热衷,因此来自澳大利亚的三文鱼成为不少经销商抢手的"硬货"。特别是 2017 年以来,澳大利亚一跃成为继智利、挪威之后的第三中国三文鱼出口国。

澳大利亚三文鱼养殖主要集中在其南部的塔斯马尼亚岛。塔斯马尼亚是澳大利亚唯一的岛州,这里气候温和适应养殖三文鱼,另外这里也是澳洲贸易的主要集散地之一,交通设施的完善也为其出口提供了很大的便利。据统计,2016 年澳大利亚三文鱼产量 1 万吨,占全球产量的 0.5%,

虽产量不高，主要用于本土消化，但是中国是其三文鱼出口的最大消费国。海关数据显示，2016 年中国自澳大利亚进口三文鱼共 1200 吨，占其产量的 12%。预计后期仍有巨大的提升空间。

（3）挪威三文鱼出口渠道变化较大。在中国与挪威经贸关系出现摩擦时，挪威三文鱼对中国的出口渠道受阻，规模急剧下降，然后，由于中国的三文鱼市场大，对挪威三文鱼评价好，因此导致大量的三文鱼走私。据国际贸易数据显示，2016 年 9 月到 2017 年 6 月，10 个月时间挪威向越南出口冰鲜三文鱼 20640 吨，较同期增长 61%，比较尴尬的是，越南进口挪威三文鱼的大幅增长实际上是为了走私到中国，因为这些三文鱼最后大多通过走私渠道进入了中国市场。

随着 2017 年挪威已经恢复了与中国的贸易关系，并不断取得了实质性进展，挪威三文鱼开始逐步重回中国市场。仅冰鲜三文鱼一项，2019 年中国进口挪威冰鲜三文鱼 2.5 万吨，比 2018 年的不到 1.5 万吨增长 1 万吨。并且同期挪威冰鲜三文鱼价格低于智利。

三、国外牛肉进口渠道

1. 中国牛肉进口规模不断扩大，2018 年跃居全球首位

中国中产阶层人数日益增多，对高蛋白食品的需求也就越来越大，其中对国外优质牛肉的进口要求也十分迫切。

2013 年是中国大陆牛肉进口最具有标志性的年份，因为从这年开始，中国牛肉进口量逐年飞速增长。据海关统计，2013 年以前，中国大陆牛肉进口量还处在个位数的超低位置，五年后该体量便飙升至 70 万吨，其中 2015~2017 年均实现超 10 万吨的环比增长，增速惊人。除了 70 万吨的牛肉进口量外，中国大陆每年还有 2 万吨左右的牛杂进口量，2017 年中国大陆牛肉和牛杂累计进口量达 72 万吨。同期，中国香港的牛肉和牛杂进口量也从 2013 年开始有明显增长，当年 64 万吨的进口量比 2012 年高出近 24 万吨。与此同时，2013 年也是中国香港牛肉和牛杂进口格局发生变化的标志年份，因为从这一年起中国香港的牛肉进口量首次超过牛杂，而在此之

前，牛杂进口量一直远高于牛肉。

而到了 2018 年，中国的牛肉和牛杂进口量进一步增长，首次跃居全球。据海关统计，2018 年中国大陆正关牛肉和牛杂进口总量增至 106.3 万吨，同比增长 34.8 万。其中，牛肉进口量 103.9 万吨，牛杂进口量 2.3 万吨分别同比增长 34.4 万吨和 0.4 万吨。2018 年中国香港牛肉和牛杂进口近 80 万吨，同比增长 8 万吨。其中，牛肉进口量近 44 万吨，牛杂进口量近 36 万吨，分别同比增长 5 万吨和 3 万吨。

2. 中国牛肉市场不断放开，巴西和阿根廷均实现同比暴增

2018 年，在中国大陆牛肉进口来源中，巴西和阿根廷均实现同比暴增，澳洲和新西兰实现大幅同比增长，乌拉圭保持平稳（见表 2-1）。2018 年中国香港的牛肉进口量也在实现 7.7 万吨的同比增长，创下 79.1 万吨的历史峰值，其中同比增长的绝大部分由巴西贡献。

值得注意的是，中国开放了越来越多国家的牛肉。2018 年 11 月，中国大陆首次进口法国牛肉，其中冰鲜牛肉进口量 108 公斤，进口额 1516 美元；冷冻牛肉进口量 1.046 吨，进口额 19385 美元。2018 年 12 月，中国大陆首次进口塞尔维亚牛肉，进口量 1.892 吨，进口额 28567 美元。

表 2-1　2017 年、2018 年中国大陆牛肉和牛杂进口来源　　单位：吨

来源国	2017 年	2018 年	同比
巴西	197565	322693	125127
乌拉圭	208302	231023	22722
阿根廷	86334	180377	94043
澳大利亚	119997	178488	58491
新西兰	82762	115730	32969
加拿大	8977	8178	−800
美国	2214	6971	4758
南非	967	6639	5672
哥斯达黎加	4183	6002	1819
智利	4113	5599	1487
爱尔兰		738	738

续表

来源国	2017 年	2018 年	同比
白俄罗斯		180	180
墨西哥	33	113	80
塞尔维亚		46	46
法国		3	3
荷兰		0.2	0.2
总计	715446	1062830	347384

3. 巴西成为中国最大牛肉进口供应国

自 2015 年以来，中国成了不少巴西牛肉商家最重要的海外市场，其中不乏 JBS、Minerva 这样的大品牌。作为全球最大肉类加工企业，JBS 年营业额达 504 亿美元，2018 年第三季度总出口额为 34.7 亿美元，其中中国地区的销量占 22.4%，在海外市场中排第一。

自 2015 年获批直接出口中国后，巴西牛肉迎来了较大幅度的增长。2018 年，巴西成为中国牛肉进口最大供应国。因为拥有辽阔的草原，以及温暖湿润的热带气候，巴西采用草饲散养的方式养牛，成本通常不到美国、澳大利亚等国的一半。因此，高性价比、大产量，让巴西牛肉得以横扫中国。然而，对巴西牛肉来说，中国市场依然潜力巨大。随着消费升级，中国消费者对不同国家的进口牛肉，也充满了尝鲜的兴趣。此外，巴西牛肉的关税依然大大高于澳大利亚等国家，而中巴两国政府正在洽谈降低关税事宜。一旦成功，巴西牛肉的性价比将会进一步凸显。

第三章　生鲜供应链与全产业链流通

生鲜流通对农民、商家和消费者都十分重要，但为何我国一直都发展不起来？表面上看，是受交通、运输、渠道、信息等多种因素制约，无法打通商流的各主要环节，从而使生鲜难以顺畅地流通。但如何深入分析，从根本上看，其实是生鲜供应链体系无法建立起来，从而使整个生鲜流通的各个要素、资源、环节难以构成一个完整的渠道或链条。因此，生鲜流通的基本途径是渠道的构建，但能否"货畅其流"的关键则是生鲜供应链。

第一节　我国生鲜供应链存在的问题

发达国家农产品进入冷链流通的比例在95%以上，我国仅为5%左右；2015年，我国果蔬、肉类、水产品冷链流通率分别为20%、30%、36%，仅果蔬一项因运输储存不当导致的年损失已近千亿元。可见，我国的生鲜供应链产业与发达国家相比仍存在明显的差距，存在一些不容忽视的问题，有些甚至已经影响生鲜供应链产业的长远健康发展。目前，我国生鲜供应链发展主要存在以下几方面的问题：

一、物流标准和服务规范体系不健全

近年来，在政府部门、行业协会和企业的共同努力下，生鲜物流的标

准化取得了一定的进展，但是与上下游产业对生鲜冷链物流的实际需求以及产业自身发展的客观需求相比，规范生鲜供应链上各环节市场主体的标准规范体系还不完善，部分领域的标准规范仍然缺失，标准执行还不到位等现象。实现中很多正在运营中的冷库设备陈旧，建设不达标，无法实现运输、仓储等环节的无缝对接。生鲜供应链上冷链"不冷"和"断链"现象仍然比较普遍。目前，推荐性的标准比较多，强制性的标准却仍然较少，产生了很多不规范的现象。

二、基础设施结构性矛盾较为突出

从我国生鲜供应链上冷链物流发展的总量看，我国冷库市场持续紧俏。2018 年我国冷库总面积超 696 万平方米，较 2017 年冷库总面积增长约 410 万平方米，冷库面积占 2018 年仓库总量的 2.73%。冷库面积在持续增长，但是总量仍然不足。

近年来，我国居民收入水平的稳步提高，对于食品、医药等消费品的需求稳步上升；同时在互联网消费、配送方式升级支持下生鲜电商迅速成长，这些因素都在推动冷库的需求持续走高，冷库市场持续紧俏，租金高、空置率较低。据物联云仓冷库数据显示，2018 年全国冷库平均租金为 92.31 元/平方米·月，全国冷库平均空置率为 13.23%。虽然近几年在生鲜冷链物流投资热潮的带动下，以冷链物流园区为代表的生鲜供应链基础设施建设迅猛发展，但是由于缺乏对市场形势的准确判断，出现了不同程度的低水平重复建设，造成我国生鲜供应链物流建设基础设施存在较为明显的结构性矛盾。以冷库为例，从使用功能角度来看，我国存储性冷库多、流通性冷库少，冷冻库多、冷藏库少。按冷库资源分布来看，我国冷库资源主要集中在华东、华中、华南地区，部分东北地区以及西部地区冷库资源较少。2018 年全国冷库资源最多的省份/直辖市前五个分别是辽宁、河南、重庆、四川、广东，冷库面积均超过 56 万平方米，辽宁省更是超过 100 万平方米。由于在部分地区冷库相对集中，导致已经出现了高消耗的"价格战"等过度竞争现象，不利于行业的长远发展。

三、整体保鲜技术落后

目前，我国生鲜供应链企业硬件中的运输设备、冷藏仓库基础设施陈旧，发展和分布不均衡，冷藏保鲜率低；同时，受技术装备限制，主要保鲜技术为防腐剂保鲜技术和冷藏保鲜技术，气调保鲜技术发展慢，减压、生物、臭氧等保鲜技术更是发展缓慢，实用极少，因此，在生鲜产品的流通过程产生的损耗非常高。生鲜供应链物流的"最后一公里"问题还没有得到有效解决，以"冰袋+塑料泡沫箱"为代表的传统手段仍然占据着主流。

四、行业信息技术欠缺

信息技术欠缺和信息管理水平落后也是制约生鲜供应链发展的一个重要因素。大部分生鲜的物流运输尚未配备定位、温度监控等信息化设备，仓储管理、运输管理、订单管理等信息化系统尚未大范围普及。由于缺乏信息技术的支撑，信息管理水平的落后，生鲜供应链企业缺乏覆盖生鲜供应链全过程的信息化监控手段，存在大量"断链"的隐患，直接导致供应链监控盲点的出现，后果就是在各个盲点直接没有冷鲜保藏或者不同程度的不合标准，从而导致了生鲜供应链的名存实亡，最终产品的腐败率提高，极大地增加了整条供应链的成本。

五、企业管理技术落后

就生鲜供应链管理技术来讲，国内企业对其还处于感性认识期阶段，比如生鲜供应链的成本管理和优化，只有小部分企业在了解后能在处理物流成本活动中有所重视，但控制与优化的水平也很有限，其解决问题的力度不够，企业对生鲜供应链管理技术的研究和实践都需要提高。

第二节　国外生鲜供应链的主要模式

　　生鲜流通渠道的本质就是由不同的生鲜流通环节、链条、网点、业态组合而成，而能推动渠道运行和发展的力量主要是供应链。供应链是由供应商、制造商、仓库、配送中心和渠道商等构成的物流网络。同一企业可能构成这个网络的不同组成节点，但更多的情况下是由不同的企业构成这个网络中的不同节点。比如，在某个供应链中，同一企业可能既在制造商、仓库节点，又在配送中心节点等占有位置。在分工越细，专业要求越高的供应链中，不同节点基本上由不同的企业组成。在供应链各成员单位间流动的原材料、在制品库存和产成品等就构成了供应链上的货物流。

　　供应链的核心在于：围绕核心企业，通过对信息流、物流、资金流的控制，从采购原材料开始，制成中间产品以及最终产品，最后由销售网络把产品送到消费者手中。它是将供应商、制造商、分销商、零售商直到最终用户连成一个整体的功能网链模式。所以，一条完整的供应链应包括供应商（原材料供应商或零配件供应商）、制造商（加工厂或装配厂）、分销商（代理商或批发商）、零售商（卖场、百货商店、超市、专卖店、便利店和杂货店）以及消费者。

　　根据不同的供应链控制方向，可以分为采购供应链、物流供应链、生产供应链、商业供应链等类型。供应链起源于欧美国家，因此，在生鲜流通领域，美国亚马逊等是探索得比较早的一批生鲜流通企业，其主要模式值得关注。

一、美国亚马逊生鲜（Amazon Fresh）电商模式

　　亚马逊之前的主要产品是电子产品、百货和图书，从 2017 年开始，亚马逊推出了 Amazon Fresh 服务，专门提供新鲜时蔬，但仅限于西雅图地

区，如今这一服务将拓展至洛杉矶、旧金山以及全美。

Amazon Fresh 提供的食物包括农产品、肉类、奶制品、海鲜等新鲜度要求极高的产品。亚马逊的新仓库有一个专为食品准备的冷藏区，冷藏区外面是其他日用百货，方便食品与百货同时搭售。亚马逊并没有采用第三方的物流，而是利用自己的卡车送货，保证了食物质量。

一方面，亚马逊对生鲜电商扩张保持谨慎态度。Amazon Fresh 在 2007年推出，只是在公司总部西雅图开业。直到 2013 年，整整过去了 6 年，Amazon Fresh 才开始扩张。西雅图就是亚马逊的试验地，亚马逊花了 6 年的时间来测试这一项目。

虽然生鲜市场潜力巨大，但电商不敢轻易触碰，新鲜食品极易变质，运输和存储会有损耗，价值缩水很快。亚马逊的聪明之处在于没有盲目冲规模，而是选择耐心试验。

另一方面，亚马逊拥有高效的配送中心、云计算、购物系统等，这对于新鲜食品的高效采集、配送和物流至关重要，也是保证货物价值的基础。

虽然食品利润低，但亚马逊有一个很巧妙的举措，那就是为食品购买者推荐百货，在一次物流中运输出利润更高的其他产品，从而获得利润。这有赖于亚马逊对消费数据的挖掘，这正是亚马逊最擅长的。

Amazon Fresh 自发展以来，已经覆盖了西雅图、旧金山以及南加州这三个地区。具有三个特点：

1. 品类：自营与第三方

自营：婴儿用品、饮料、面包、早餐、罐装及瓶装食品、调味品、沙拉酱、烘焙食品、乳制品、鸡蛋、熟食、冷冻食品、谷物、鲜花、室内植物、健康美容、家居清洁、肉类、海鲜、宠物用品、餐厅外卖、小吃、饼干、糖果、葡萄酒、啤酒、烈酒。

第三方农产品：与当地零售商签订了协议，在西雅图、洛杉矶的采购范围包括几十家餐馆、特色超市、鲜肉和海鲜店、面包店和医药用品。

2. 送货模式

每天早上 10 点前下单晚饭前"同日送达",或晚 10 点前下单次日早饭前"次日送达"。90 天免费使用期以后,用户须交 300 美元每年的年费。

目前亚马逊正在与美国邮政寻求合作,希望最终能在全美开展亚马逊生鲜的投递业务。

3. 物流与配送

物流:自营的冷链物流体系使产品在仓储、配送过程的各个环节中始终处于规定的低温环境下。

配送:亚马逊生鲜为消费者提供了两种可选的收货方式,门外配送和在家配送。冷藏车直接从冷库对接,每个冷藏车都内置货架,货架上存放每个订单组合商品,每箱有独立的封箱标签追踪识别,单个订单有独立的保温袋装,内置冰袋,实施无人机配送。Amazon Dash 是一款家用产品,该产品支持直接通过语音输入或者扫码将食品杂货添加到网上购物车。

二、英国奥克杜(Ocado):B2C+O2O 模式

奥克杜(Ocado)于 2002 年 1 月在伦敦格林尼治正式商业运营,是一家英国的 B2C 网站,除了售卖生鲜外,也卖其他食品、玩具和医药产品等。2010 年 Ocado 在英国哈特菲尔德建立了 295000 平米英尺的运营中心,到 2011 年时 Ocado 的配送服务覆盖到 70% 的英国家庭。通过先进的物流技术,Ocado 的订单正确率达到 99%,配送使用的是其自有定制的冷藏型奔驰卡车,能在次日送达客户的订单占 95%,其中 95% 的订单能准时甚至提前完成。Ocado 于 2010 年 7 月登陆伦敦证券交易所,2012 年 Ocado 实现营收 6.79 亿英镑,目前公司有超过 5000 名员工。

Ocado 公司在过去 10 年都未能实现盈利,但其市值高达 11.8 亿英镑,目前公司有超过 5000 名员工。

1. 奥克杜电商的运营模式:B2C+O2O

Ocado 是独一无二的完全独立的网络食品杂货店,专注于将高端食品、饮料和家庭用品配送至顾客家中。实施的是 B2C 模式:线上平台

（ocado.com）+移动端购物 O2O 模式，即"虚拟橱窗"购物，利用智能手机的二维码扫码完成下单。它与线下超市合作，与占据了英国中高端超市市场的 Waitrose 超市合作，Ocado 为其提供在线服务，实现 Waitrose 的网上杂货销售增加了 54%。

2．奥克杜的品类

Ocado 打造独一无二的完全独立的网络食品杂货店，专注于将高端食品、生鲜、饮料和家庭用品，包括生鲜等自有品牌食品；鲜花、玩具、食品杂货、杂志等其他品牌的产品；第三方平台商品，如家乐福的产品也通过 Ocado 平台销售。目前 Ocado 仓库能支持 21500 个品项存储，其中超过 250 个品项是 Ocado 的自有品牌。

3．流量导流——线下的营销模式

奥克杜开发了第一款适用于苹果手表的杂货店 APP，消费者可通过语音在线订购商品；同时，在街道人流集中的地方设置虚拟橱窗，利用智能手机的二维码扫码完成下单；安装 42 寸的触摸屏带动顾客购物体验；线下采取社区试吃体验活动。

4．奥克杜供应链模式

扁平化供应链，供应商直接供应到运营中心 CFC（Central Fulfilment Centre）的占 85%，然后直接根据订单配送到客户家里。在英国哈特菲尔德拥有 295000 平方英尺的运营中心（CFC），85%的入库商品直接由供应商配送至该 CFC，15%的入库商品是由维特罗斯超市的 RDC 配送。

5．奥克杜的物流服务和技术

物流中心方面：2010 年 Ocado 在英国哈特菲尔德建立了 295000 平方英尺的运营中心，物流中心选建在高速公路便捷的中转站，选择在 Prologis 的物流园区。所有的客户订单都在 CFC 中处理后出库。Ocado 2011 年提升仓库能力，满足 112000 单/周的峰值，同时对 CFC2 进行选址。

配送方面：通过先进的物流技术，Ocado 的订单正确率达到 99%，配送使用的是其自有定制的冷藏型奔驰卡车，能在次日送达客户的订单占 95%，其中 95%的订单能准时甚至提前完成，到 2011 年时 Ocado 的配送服务覆盖到70%的英国家庭。

物流技术方面：物流中心作业选择标准化的盛具，流水线作业，部分物流中心还应用了机器人，来处理非食品类商品作业。

6. 奥克杜的主要创新点

（1）前瞻性的思维，推出 Future 未来冰箱设计。Ocado 具有前瞻性的创新思维，认为未来的冰箱是可能演变成真正智能冰箱，能够提供预测、全自动购物信息（购买需求的把握）并能够打通与 Ocado 网站的大数据信息。也就是未来的冰箱将能够扫描冰箱货架储存的食物信息，并能够让 Ocado 实现精准的营销。从趋势看，大数据驱动下的生鲜电商，将管到每一家人家里的冰箱需求。

（2）Ocado 能够实现单元化装载、精准温控的物流服务。这是 Ocado 非常自豪的物流服务，他的车辆按照单独的箱体存放，能够满足格局不同的生鲜食品的要求，将其放在不同的箱体内，根据客户要求会以某个特定的温度送达顾客，他们可是说到做到的。

（3）Ocado 物流中心的 AutoStore "机器人"服务。为实现高效的自动化作业，Ocado 启动自动存储解决方案，由 AutoStore 提供将包括 31 个机器人，这是一个空间优化高效的数据仓库解决方案。

（4）Ocado 的配送，全部选择奔驰车。不管是干线运输还是末端配送 Ocado 都是选择奔驰车进行，末端配送的车辆内部设置货架，有效地利用配载空间。Ocado 得到了其国家领导人的关注，英国首相卡梅伦亲自考察 Ocado，并体验物流体系。Ocado 作为生鲜电商的全球标杆，到 2014 年是发展 12 年的上市企业，不管是前端用户的营销、B2C 的运营、物流技术的创新，还是整个供应链的结构，整个体系对于中国的农产品生鲜电商有着重要的启示。

一是品类定义很清晰：自有品牌和开放平台结合，实现了家庭端食品杂货店的全品类服务。在英国竞争激烈的在线杂货市场中，Ocado 实现了 70%以上家庭渗透率，这家平台拥有绝对的市场价值。

二是供应链模式创新：扁平化的供应链结构，打造快速的冷链、恒温物流配送，运营中心 CFC 成为实现快速物流配送 toC 服务重要的关键。

三是客户体验创新：移动端的购物体验、线下的 O2O 体验，以及推出 Future 未来冰箱设计，都是值得中国农产品电商借鉴的。

四是与线下零售的 O2O 整合：Ocado 与 Waitrose 超市合作可以看出生鲜电商平台必须走向 O2O 的模式，电商平台发挥线上优势，线下末端整合是一个必然趋势。

五是技术创新方面：物流配载上的单元化恒温创新、物流中心 AutoStore 机器人的应用以及高效的 CFC 作业体系，对于中国生鲜电商来说，值得学习。

（5）资本对生鲜电商的认可。Ocado 公司在过去 10 年都未能实现盈利，但其市值高达 11.8 亿英镑，2013 年在线销售达到 7.32 亿英镑（12.3 亿美元），可以看出资本对农产品电商的认可。当然，也可以看出农产品电商，要真正实现盈利，还有很长的路要走。

2014 年，汉森供应链行业研究中心对中国十大农产品电商平台和欧美六大成熟农产品电商平台的深度分析和梳理结果：全球农业都处于快速互联网化的发展今天，商机无限。欧美的线上、线下相对成熟，推进的是合作协同模式，而国内还处于线上、线下博弈时期。中国拥有 14 亿人口，当前的农产品电商处于草莽式发展阶段，问题很多，其实有时有问题也是有商机。

Ocado 的成功得到资本市场的认可，不仅是因为它电商的价值，更重要的是它后台专业的物流与供应链体系，特别是冷链物流方面。这将是其未来成功的砝码，中国农产品电商想要做成功，核心同样也在物流与供应链体系。

三、美国鲜直送（Fresh Direct）：快速配送模式

鲜直达（Fresh Direct）是美国的一个提供生鲜在线订购服务的农产品电商。公司于 2002 年成立，2006 年开始盈利，现在配送范围已经包括曼哈顿、纽约五个区以及新泽西州和康涅狄格州的部分地区，通过 Fresh Direct 网站订

食品，2小时就会送到。这样的配送速度取决于其配送中心的建立。

Fresh Direct 之前，美国曾有一个失败的案例网站名为"webvan"，失败的原因其实很简单，模式没有成型就盲目扩张，最终失败。Fresh Direct吸取了"webvan"失败的经验和教训，在进入其他地区市场前，耐心地建立了一个可以重复的销售和市场开发模式。此外，其业务拓展具有地区性，围绕长岛配送中心展开，没有长驱直入地进入旧金山地区并开展业务，而选择围绕其纽约核心市场，慢慢向外扩展业务区域。

1. 品类范围

常见的蔬菜、水果、肉食、芝士、咖啡、酒水和杂货等；可选择性：顾客可以选择本地或外地的货品、有机的还是普通的食物；菜谱及相关食材；提供大量 KOSHER 食物，其加工方法及操作过程均有严格规定，KO-SHER 证书已成为饮食产品中高品质的标志。

2. 分销中心的建设

重点归纳了以下四点：仓库内部共有8个气候区，12个温别，分别设置特定的温度和湿度，实行保鲜度优化管理。安全严格把控：进货严格的检验。每一生产阶段都进行全面的消毒。专门计算机分类系统对进货进行分类，按要求打包。系统的使用：分拣系统和传送系统是由 Spring Lake 的Ermanco 提供，立体旋转货架由 Lewiston 的 Diamond Phoenix 提供，库房控制系统采用 Pyramid System 实现生产和分装车间的自动化作业。

3. 物流配送流程设计

基本流程：农产品货物→分拣区→组装→查车→封口→装运区→扫描确认→送货。其特点主要是：根据实时仪表板→监控货物是否按时送达；实地扫描装置→跟踪快递过程情况；定制地图软件→应对天气及路况指引行进路线。

4. 创新点：强大的客户跟踪服务系统

Fresh Direct 可以通过电子邮件和网页分析来确定有多少顾客在使用他们的移动服务。

四、日本 Oisix（鸡蛋布甸）：农产品 O2O 的标准化管理

1. 直供模式

鸡蛋布甸（Oisix）是一家日本企业，成立于 2000 年 6 月，以 O2O 模式运营。Oisix 从顾客接到订单之后向农产地进行商品的收货、采购。农产地是与日本国内 1000 余农家签订契约，源头只提供有机栽培或低农药栽培的农产品（包括鲜摘野菜、水果还有海鲜等）。

这样的经营方式 Oisix 不承担任何库存的风险，在价格方面也是比较稳定、低廉的，因不通过当中的流通商，最终的销售价格也是比较便宜的。正因为减少了运输时间和成本，保证了所售商品可以以最优惠、合理的价格配送到客户手中。

2. 标准化管理

Oisix 对农产品进行标准化管理。在 Oisix 上面卖的每一件商品都会标注食品的名称、净含量、原产地以及种植者的姓名，这一点源于日本对农产品的品质化要求和精细化管理。同时，由于福岛核电站事件辐射泄漏之后对于农产品的辐射检查就显得尤为重要。

五、德国好新鲜（Hello Fresh）模式

1. 经营范围

2011 年成立于德国，现在已经扩展至德国、英国、荷兰、澳大利亚以及美国的 30 个州，其基本模式是在网站上提供各类特色菜的食谱与成品图片，用户在网站上订购其一周的菜单，网站根据订单去合作的商家处购买相应的食材，每周一次寄送到客户家中。Hello Fresh 致力于打造一种全新的生活方式和生活体验，通过做饭去切实地感受生活的美好。

2. 经营特色

在营销方面，Hello Fresh 与大量快餐连锁企业建立了合作关系，并把快餐连锁企业与消费者连接在一起，通过免费食物的诱惑，让消费者进行更多的消费，从而在短时间内迅速拓展了市场，而 Hello Fresh 支出的免费

食物完全可以由快餐连锁企业买单。按周订购的形式也在很大程度上解决了物流与仓储的费用，同时降低了运营成本。就目前而言，提供定制食谱以及食材配送服务其实很常见，拿国内来说就有模仿者"爱做饭""青年菜君"等。但 Hello Fresh 的营销创新理念非常值得国内创业公司学习。

六、美国蓝围裙（Blue Apron）净菜创新模式

1. 模式简介

美国蓝围裙是 2012 年成立的生鲜电商，与 Hello Fresh 形成竞争关系。它们之间的差异化体现在哪里呢？最大的区别在于 Hello Fresh 是与超市及快餐店合作的形式采购原材料，而 Blue Apron 则是自己售卖食材，而具体的订阅形式，两个公司也是不同的。

Blue Apron 的商业模式为向订阅用户递送提前按量配好的"美食配菜包"，里面包括食材、调味品和配套的食谱。订阅费用每周 60 美元，平均每餐 10 美元，主要用户的订阅套餐为每周 3 顿两人餐。Blue Apron 的菜单包含六种菜谱，并且每周更换。如果订阅用户觉得这周的菜谱不给力，可以将本周的量挪到以后使用。

2. 主要特点

其特色化创新主要包含三个方面：①其食材采购从供应高档饭店的批发商处采购，因此质量很高。实际上其食材质量比在超市中买到的更好，也更新鲜，因为它们不会在超市货架上摆放一周时间。②体现在自营电商的业务，主要售卖食材、厨具等周边以及菜谱，打造一种定制化的消费体验。③食材的丰富性与独特性。

七、国外生鲜供应链对中国生鲜流通的启示

长期以来，我国都以传统农贸模式销售生鲜产品，而该模式供应链条长、流通环节多等弊端，加之我国受生鲜冷藏运输基础设施落后等因素的影响，导致我国生鲜运输的损耗率明显高于发达国家，而保鲜率却又远低于其他国家。而近年来以永辉超市和家家悦为代表的生鲜超市的发展，极

大地缩短了生鲜流通环节，保证了生鲜产品的质量和安全，明显优化和改善了生鲜供应链体系，未来生鲜超市将成为我国生鲜消费的必然趋势。①

1. 生鲜流通必须重视生鲜超市和末端环节

根据中国产业信息网数据，2017 年我国生鲜市场交易规模达到 1.79 万亿元，从 2013 年开始生鲜市场交易规模都保持 6% 以上的增长。国内生鲜销售主要通过农贸市场、超市、生鲜电商等渠道来完成，其中，传统的农贸市场是最主要的销售渠道，其占比为 73%，远远高于其他销售渠道。此外，以永辉超市、家家悦为代表的超市类现代生鲜物流供应链模式也在逐渐兴起，超市渠道占比为 22%，位居第二。但是，相比于美国、德国和日本超市渠道占比分别为 90%、87% 和 70%，中国超市渠道仍有很大的提升空间。

2. 生鲜供应链必须重视基础设施建设

生鲜产品的生产具有明显的周期性、季节性和分散性，这决定了生鲜产品的运输和销售具有较强的时效性和易腐性。因此，生鲜产品的时效性要求尽量缩短生鲜物流半径，并利用运输技术、仓储物流设施、配送技术等实现高品质的极速物流体验；而生鲜产品的易腐性要求改变传统的生鲜恒温物流，加强冷链物流及低温物流。

从冷库保有量来看，2016 年中国冷库保有量为 107 百万立方米，仅次于印度和美国，位列世界第三。包括日本、英国、德国和韩国在内的一些发达国家冷库保有量相对较少的原因在于：一是这些国家的面积相对较小，很多地区可以实现在生鲜原产地的销售；二是这些国家的气温炎热的时间段相对较短，可以减少部分冷库保温的需求。因此，与我国可比性较强的是印度，印度同作为一个发展中国家，其冷库保有量却远高于中国，这说明中国在冷库建设方面，还有待提升。

从冷藏车数量来看，一是在冷藏车绝对量上，我国还远远落后于美国与日本；二是在冷藏车平均量上，由于中国人口基数较大，而冷藏车总量

① 吴小燕. 从中外对比看国内生鲜供应链现状，生鲜超市将是未来发展趋势 [EB/OL]. https：//www. qianzhan. com/analyst/profile/3100. html.

较少，导致我国1.82万人才拥有1辆冷藏车，这一指标远差于其他国家和地区。由此可见，我国生鲜运输冷藏车数量还严重偏少。

生鲜产品远距离运输需要较完善的基础设施，而从冷藏车以及冷库角度来看，国内在基础设施方面存在较大的不足，造成我国生鲜产品以冷藏方式运输的比例较低，生鲜（蔬果、水产品、肉制品等）运输半径小（一般为1~20公里）的现状。因此，我国生鲜产品的本地化消费中占比大，而在需求比较旺盛的区域，却又存在供给不足、产品价格高昂，产品供需失衡的情况。

此外，受我国冷藏供应链基础设施发展落后以及我国生鲜农贸销售模式中间流通环节过多、流通链条长的影响，导致了生鲜产品运输的损耗率过高，而生鲜保鲜率偏低的现状。

3. 生鲜流通必须减少流通环节

传统农贸模式的流通环节过于繁复，而超市生鲜销售模式具有直采直营、流通环节少、保证生鲜产品质量和安全等诸多优点，能从规模化采购、运输设备、冷藏设备等领域提升产业链效率。

此外，对比国外生鲜销售模式也以超市为主的发展现状，可以预计未来超市生鲜销售将是国内生鲜消费的必然趋势。

第三节　京东生鲜供应链与全渠道流通体系

目前，我国生鲜流通与供应链建设还处于起步阶段，其中，比较有代表性的企业就是京东生鲜供应链。京东生鲜，是目前我国规模的生鲜流通企业，也是唯一的真正打通线上线下（电商+实体店）以及"商流+物流"的现代化流通企业，它通过京东到家、京东物流、京东商城，再加上并购入股的沃尔玛1号店、永辉超市、天天果园，真正建立了完整的全渠道式的生鲜零售连锁体系，开启了中国的生鲜零售全渠道时代。2016年6月，

京东宣布，与沃尔玛达成深度战略合作。作为合作的一部分，沃尔玛旗下
1号店将并入京东。

一、京东集团的全渠道战略与业务布局

1. 京东集团的基本情况

京东集团成立于1998年。1998年6月18日，刘强东先生在中关村创
业，成立京东公司。2004年1月，京东开辟电子商务领域创业实验田，京
东多媒体网正式开通，启用新域名。2007年6月，成功改版后，京东多媒
体网正式更名为"京东商城"。

目前，京东集团旗下设有京东商城、京东金融、拍拍网、京东智能、
O2O即"京东到家"及海外事业部。京东目前被认为是中国最具成长的电
商企业，近五年来，它先后并购或入股了沃尔玛1号店、永辉超市、天天
果园等知名品牌零售企业，更主要的是，它的第一大股东是腾讯。京东
（JD）已经成为中国最大的自营式电商企业，2015年第一季度在中国自营
式B2C电商市场的占有率为56.3%。京东商城销售超数万品牌、4020万种
商品，囊括家电、手机、电脑、母婴、服装等13大品类。

2014年5月，京东在美国纳斯达克证券交易所正式挂牌上市（股票代
码：JD），是中国第一个成功赴美上市的大型综合型电商平台，与腾讯、
百度等中国互联网巨头共同跻身全球前十大互联网公司排行榜。2014年，
京东市场交易额达到2602亿元，净收入达到1150亿元。

2. 京东商城：从线上走向线下，开启全渠道新时代

什么是全渠道？全渠道概念，是基于互联网时代的一种创新。全渠道
的本质是对中国零售的一场大变革，不仅是对实体零售的变革，也是对电
商的变革。所谓全渠道，就是线上终端与线下终端的融合，即O2O[①]，基
于这种属性，全渠道最大的特点就是所有终端可以销售同一品类商品。我
国生鲜流通全渠道产业链的基本构成如表3-1所示。

---

① 在本书中，全渠道与O2O，基本上是同一个概念。

表 3-1　我国生鲜流通全渠道产业链的基本构成

层级	特征
上游产品	◆农业生产以个体为主，生产经营分散、集中度较低 ◆农业自动化技术水平低，生鲜品类难以标准化
中游流通	◆以农批市场为主导，流通环节层级多 ◆流通环节标准化程度低，损耗严重 ◆产销两地差价大，生鲜零售终端毛利低
下游渠道	◆传统渠道（农贸市场、路边摊）占据半壁江山 ◆电商份额占比较小，但上升速度较快

要建成全渠道的商品流通体系，有四个核心服务要素：一是黏住用户的工具，即实体平台，尤其是连锁实体店；二是黏住商品的移动购物平台；三是移动支付工具；四是有大量的自营品牌商品。在这个领域，就目前来看，京东在国内有三个最强大的竞争对手，都是以服务商的形式来整合购物中心，即万达、阿里和微信。这三个竞争对手，第一个是线下商业地产，第二个是线上商业地产，第三个是万能的连接神器，但从它们具有的服务要素来看，唯有京东，拥有实现全渠道的最佳条件。

2014 年 3 月 17 日，京东在北京国家会议中心召开"京东零售业 O2O（全渠道）战略 & 万家便利店 & ERP 供应商签约仪式"，开启全渠道战略。在签约仪式上，正式宣布与上海、北京、广州、温州、东莞、乌鲁木齐、哈尔滨、西安、呼和浩特、石家庄、南宁、太原、哈尔滨、大连等 15 余座城市的上万家便利店进行 O2O 合作，其中包括快客、好邻居、良友、每日每夜、人本、美宜佳、中央红、一团火、今日便利、利客、国大 365、普罗云等知名连锁便利店品牌。这是京东继与山西唐久大卖场开展 O2O 合作成功后，首次大范围推广这种全新的经营模式，未来，该规划还有望在年底覆盖中国的所有省会城市和地级市。

在签约万家便利店的同时，京东和零售业的主流 ERP 软件服务商 SAP、IBM、海鼎、富基融通、宏业、海星、长益等也签订了战略合作协议，共同实现零售业 ERP 系统和京东平台的无缝对接，同时升级零售业

ERP 系统，满足门店库存全渠道销售所需和所有交易环节、结算环节、物流服务环节、售后客服环节的可视化，支持京东电子会员卡和手机支付功能。

3. 京东全渠道体系的四大特点

（1）商品丰富。不同于其他电商侧重于营销端、支付端的"O2O"，京东O2O从根本上革新了传统零售门店的经营形态。通过京东平台上便利店的官网，消费者可借助LBS定位，在其旗下所有门店中找寻最近的店面进行购物，而且由于仓储体系的共通，便利店可以在网上扩充品类建立线上卖场、生鲜连锁门店、冷饮店等多类业态，大大丰富产品品类，改变现有产品结构，形成多种销售模式，甚至在未来，还可发展出预售模式，让商家按需进货和按需生产，最终实现"零库存"目标。

（2）就近配送。京东O2O利用线下门店和其中央厨房、冷链、常温物流体系，提供更低成本和更高效率的配送服务，彻底改变了以往消费者光临线下商店的消费模式，转为直接送货上门，消费者在家收货。同时，京东联手便利店推出更具个性化的物流服务，如"1小时达""定时达""15分钟极速达""上门体验""就近门店的售后服务"等也让消费者切实体会到O2O带来的便捷网购生活。

（3）价值分享。此外，京东O2O还通过"内外兼修"的导入形式，更好地为传统零售商进行引流。在内，京东基于大数据分析，协助便利店对用户进行定向EDM投递；在外，京东O2O通过与社交、地图、搜索、本地生活服务等主流平台的深度战略合作，大量引入外部流量资源，为商家提供全渠道流量解决方案。

值得一提的是，京东O2O实现了线上线下会员体系的共享，将积分优惠等活动全面打通，为会员带来全新的购物体验和价值。会员的所有订单都由京东统一下发给商家，同时由商家或京东自营配送团队，以京东统一的服务标准进行"最后一公里"配送，并实现实时监控，保证以优质的服务质量送达消费者手上。

（4）强化终端体验。注重体验和服务创新的超级店、讲求方便快捷的社区店和便利店，以及层出不穷的数字化客户接触点（包括网店、智能手机、平板电脑、可穿戴设备、智能家居、车载设备等）将成为面向用户的前端接口，消费者在碎片化和多场景下的购物行为将会大幅增加。在这一过程中发生改变的将不仅仅是我们购物的载体，新的客户接触点也将引领新的交互方式和新的技术趋势，最终带来的是新商业模式的变革，重塑的是整个零售业的商业规则。

总之，京东O2O打造的是一种新型的零售业态，它打破了原来零售业的业态边界（杂货店、便利店、超市、大卖场、百货公司、Shopping Mall），比纯线上有本地服务优势，比纯线下有更全的品类、更低的价格和更多流量优势。

4. 京东全渠道战略升级："京东到家"与生鲜外卖服务

2015年3月16日，京东上线一款解决大众对生鲜食品、生活服务类产品需求的APP"拍到家"。2015年3月31日，京东集团宣布将O2O业务升级，正式成立O2O独立全资子公司。2015年4月16日，被京东CEO刘强东称为"具备战略属性"的京东O2O产品"拍到家"也正式升级为"京东到家"，其最近还上线"京东一元到家"服务，主打具有高频购买需求的蔬菜水果。

"京东到家"是京东集团基于传统B2C业务模式向更高频次商品服务领域延伸发展出的全新商业模式，是京东2015年重点打造的O2O生活服务平台，是基于传统B2C模式向高频领域的重要提升；它既基于京东物流体系和物流管理优势，同时在共享经济风行的推动下依托"互联网+"技术大力发展"众包物流"，整合各类O2O生活类目，上门服务和健康到家等，已覆盖包括北京、上海、广州、深圳、南京、天津、武汉、宁波、成都、西安、重庆等一、二线城市。

"京东到家"通过杠杆化社会资源形成中国"社会电商"雏形，在商品与服务来源上，"京东到家"通过跟大型商场合作，由"京东到家"提供物流配送。生活服务方面，"京东到家"可提供超市产品、生鲜、外卖等上千种商品及服务；在"京东到家"的物流配送体系方面，不仅有京东自营的物流配送，还有"京东众包"这样的社会化物流。

"京东到家"发展迅速，目前已经覆盖了国内 200 多个城市，服务遍及华北、华东、华中、华南、西部等多个区域，为消费者提供了 2 小时内快速送达的全新 O2O 服务，打造生活服务一体化平台。自 2015 年 4 月的上线单品 1 元促销开始，"京东到家"分别在"5·20"鲜花大促、六一惊喜福包、"6·26"宅购节、横跨 7~8 月的冰饮节、七夕节、教师节以及中秋节大闸蟹闪电送、"10·20"宅购节等开展了大型促销活动。

2016 年 4 月 15 日，京东集团宣布，就旗下 O2O 子公司"京东到家"与众包物流平台"达达"合并一事达成最终协议。据悉，协议生效后，京东将以"京东到家"的业务、京东集团的业务资源以及两亿美元现金换取新公司约 47.4% 的股份并成为单一最大股东。

二、京东集团的生鲜业务与全渠道流通体系模式

自 2014 年起，京东把生鲜业务当成未来最具成长性的一项战略来布局。京东集团 CEO 特别助理王笑松认为，尽管目前生鲜电商行业接近 40% 的亏损率，但我国生鲜市场拥有巨大的潜力，"7 万亿有点夸张，但是 4 万亿~5 万亿元肯定有"。有数据显示，2015 年在各种电商平台购买过生鲜产品的消费者占 24.5%，没买过但是有兴趣尝试的人占 48.1%，合计占总消费意愿的七成以上；2015 年的生鲜电商交易总额为 500 亿元左右，而预计到 2018 年则将超过 2000 亿元。因此，京东必须在这一领域下大力气。

1. 京东生鲜经营的主要品类：水果和蔬菜

在京东看来，生鲜之所以难做，原因在于两方面：一方面，生鲜是典型的非标准化商品，大多数产品的口感无法单凭外观做出判断。面对琳琅满目、不同品牌的同类生鲜，消费者很难横向对比、评判优劣。生鲜产品因而不易积累消费口碑，形成应有的品牌效应，这使优秀的生鲜产品难以卖出匹配品质的好价钱。另一方面，生鲜产品的特点决定了其在存储、运输过程中极易出现损耗。传统的农贸供销模式中间环节繁多，仓储、运输设备的保鲜性能参差不齐，造成消费者所购买的生鲜产品或多或少打了折

扣。但正因为难做，所以必须做，只有这样，才有发展前景。

京东认为，生鲜电商标准化最难做的应该是水果和蔬菜两个品类。对于禽类、肉类来讲，现在都是工业化养殖，标准化并不困难，但上述两个领域却是标准化最难的，这两个品类受天气等自然因素影响较大。此外，中国农户种植也比较散，很难形成规范化管理。

因此，从2016年开始，京东生鲜致力于水果和蔬菜的标准化，京东生鲜希望通过中高品质生鲜商品，让消费者养成线上购买习惯，打造京东生鲜的差异化。据了解，生鲜电商领域的平均客单价通常为80元，而京东生鲜的平均客单价却已高达数百元。

2. "京东+沃尔玛1号店"：中国生鲜电商的第一龙头

为了把"生鲜业务"的全渠道战略全面实施，2016年，京东并购了沃尔玛1号店。一个是中国电商行业的巨头，一个是世界排名第一的零售巨无霸，二者强强联手。根据艾瑞咨询发布的中国电子商务核心数字，沃尔玛1号店在2015年中国B2C网购市场占有的份额仅仅为1.3%，同期京东为22.9%，天猫为58%。在互联网界，老大与老二合并共谋行业大局的情况并不鲜见，但是老二去并购老大妄图去掀起波澜，显然几乎是不可能的。

京东并购1号店，核心动机就是为了做大生鲜电商业务。一方面，通过引入优质的商家为用户提供更加多样化和高质量的商品，同时提升自身的供应链能力，包括与品牌方、制造商的议价能力以及物流配送能力等。另一方面，推动京东到家的线下业务。在京东与沃尔玛公布的合作事项中，沃尔玛在中国的实体门店将接入京东集团投资的众包物流平台"达达"和O2O电商平台"京东到家"，并成为其重点合作伙伴；通过线上线下融合，包括吸引更多线上客流到沃尔玛实体门店，以及为"京东到家"的用户提供沃尔玛实体门店的生鲜商品选择，为用户提供2小时超市生鲜配送到家的服务。

3. "京东+永辉超市+天天果园"：中国最大的实体生鲜连锁体系

京东为了做大生鲜全渠道流通体系，一方面，向上游产业链延伸，开启"遍寻天下鲜"项目，并与北京小汤山蔬菜基地天安农业签署战略合作协议，天安农业将向京东生鲜从原产地直供有机蔬菜，同时，这种战略合作正在向全国推开；另一方面，则开始构建线下的实体连锁体系。

作为战略实施的重要组成部分，就是入股永辉超市。永辉超市是国内以经营生鲜而闻名的超市。2015 年，京东集团与永辉超市达成战略合作，战略入股永辉超市。根据双方协议，京东入股永辉超市的价格为每股 9 元（约 1.45 美元），总价值为 43.1 亿元（约 7 亿美元）。通过这一交易，京东集团将持有永辉超市 10% 的股份，并可以任命两个独立董事。京东集团希望通过这一方式加强在 O2O 领域的合作。

永辉超市获得的资金主要用于三个方面：①连锁门店项目，拟募资 55 亿元；②生鲜冷链物流系统发展项目，拟募资 5 亿元；③福州南通物流配送中心建设，拟募资 4.59 亿元。永辉超市在 O2O 和生鲜供应链领域很强，京东很看重永辉超市擅长的这些领域，彼此在品类和模式方面可以有很好的结合，两家公司创始人运营理念也很一致。生鲜冷链领域是高频消费领域，可以做到很大，京东旗下的到家业务本身也和超市有合作，通过入股永辉超市京东在生鲜领域能很快打开局面。

京东入股永辉超市的同时，双方其实达成四点协议，分别是：①强化联盟协同；②积极探索线上、线下合作模式及 O2O 业务发展；③仓储物流协作；④共同挖掘互联网金融资源。此外，京东与永辉超市还建立了高层定期沟通机制，共同商议合作重大事项。永辉超市称，在采购、O2O、金融、信息技术等方面双方拟构建互为优先、互惠共赢的战略合作模式。京东在大力发展生活服务 O2O 市场，并设立独立全资子公司"京东到家"，提供的服务项目包括 3 公里范围内生鲜、超市产品、鲜花、外卖送餐等服务。

此外，京东还入股天天果园，从而构建了超市和便利店的双重生鲜连锁体系。2015 年，京东入股天天果园，成为其主要股东。天天果园创立于 2009 年，专注于为国内消费者提供优质的网上水果生鲜电商服务，其销售的水果 80% 以上为进口水果。京东入股，与天天果园在水果生鲜领域开展深度合作，天天果园成为京东水果品类重要的战略合作伙伴，京东将为天天果园提供物流体系支持，帮助天天果园拓展全国市场。此外，京东与天天果园还将在水果生鲜电商领域进行更深层次的布局和探索，共同开发万亿市场规模的生鲜市场。

三、京东生鲜的核心竞争力：强大的京东生鲜冷链物流

1. 京东自营生鲜战略

生鲜被认为是电商的最后一片蓝海，但成本高昂的冷链物流是限制其发展的最大阻力，市场上也没有出现占有率绝对领先的企业。

在整体的生鲜战略上，京东的规划包括五步：一是邀请名优特产品入驻；二是探索O2O模式，推广配售卡和线下自提的销售方式；三是在重点城市尝试冷链物流配送；四是在全国范围内建全程冷链物流网络；五是服务下沉，实现双向物流配送。

面向商家全面开放冷链物流服务只是一个开始，未来京东物流将持续在关键性的温控技术、大数据监测和跟踪方面深入研究，优化配送工具，深入网点建设，帮助更多商家解决生鲜电商物流冷链运输、宅配问题。

根据京东的设想，在与农产品生产者的对接过程中，京东一方面将通过信息系统的全程监控以及农产品认证体系保障食品安全；另一方面，电商培训服务、金融服务、数据分析服务将成为京东吸纳更多农业商户的三个关键噱头。

2. 京东生鲜全渠道体系的最大优势：物流配送

京东也亮出了进军政企采购市场的四大法宝：电商技术平台和服务，自营正品品质保障、完善的自建物流体系和专业大客户服务团队。其中，最核心的还是其物流体系和物流配送中心布局。

目前，京东在全国范围内拥有七大物流中心，在39个城市建立了118个仓库，能够在130个区县提供当天送达的"211限时达"服务。

3. 全面开放生鲜冷链

2016年11月5日，京东物流正式开放生鲜冷链体系，生鲜商家可以接入京东冷链服务，京东冷链可以做到实时保持对商品、冷媒温度的监

测，已经实现了真正的全程"冷链"物流。除此之外，京东还会投入专业的冷藏车、配送人员和运营管理系统，并对仓储、分拣、运输、配送等各环节进行优先配载和配送，充分保障生鲜快件的配送时效和商品品质。

京东冷链在京东自营体系里已经试运营了好长一段时间，配送范围也在一步步地扩大，从安溪高端茶叶、青啤原浆啤酒到阳澄湖大闸蟹，京东冷链体系越来越完善，并能够应对复杂的生鲜冷鲜需求。青啤原浆过去都是不出市，自从有了京东冷链当日达，北京、上海等多地网友都可以喝到新鲜口感的青啤原浆啤酒，京东冷链事实上催生了原浆啤酒电商这个细分品类。京东生鲜冷链第三方商家订单的配送范围已覆盖 35 个城市，其中 7 个城市实现当日达，这一切还只是刚刚开始，唐朝的贵妃吃个荔枝都要"一骑红尘妃子笑，无人知是荔枝来"，如今的我们却只需要在京东下个单，一骑红色的京东配送蹦蹦车就送货上门了。

4. 京东自营配送领域再次扩大

京东生鲜自营配送领域再次扩大，二、三线城市也可享受配送服务，北、上、广、深等一线城市经济发达，消费需求旺盛，具备强大的辐射带动能力，不仅在全国的经济活动中起到了主导作用，也是电商物流的枢纽。

"次日达""隔日达""江浙沪包邮"等配送体验对于一线城市消费者来说早已习以为常；而二、三线城市及偏远地区，往往囿于地理条件限制，不仅难以享受和一线城市一样的线上生鲜购买体验，通常还需承受更加漫长的等待时间。

京东生鲜自成立起，就不遗余力地展开物流建设：全程冷链保证产品新鲜度；协同仓节省中间流通环节；夜间配、精准达等创新服务更是为消费者提供了最贴心的"最后一公里"配送体验。这次水果品类配送区域扩大，意味着京东生鲜的物流建设已走过了基础设施建设期，未来将辐射更广泛的区域，将极致的物流体验输送到全国各地的末梢神经，最大限度地发挥整个物流网络的规模化经济效应。

四、京东生鲜案例：以阳澄湖大闸蟹为例

2016 年 9 月 23 日，一年一度的阳澄湖大闸蟹正式开捕，新鲜出湖的"第一捞"大闸蟹再次花落京东生鲜，这已是京东自 2012 年与阳澄湖大闸蟹协会建立战略合作伙伴关系以来，第 3 年拿到阳澄湖大闸蟹开湖"第一捞"。很多电商界的朋友都很纳闷，京东为何一直钟情于 生鲜运营的产地直供呢？而且是大手笔的投入。其实在京东的发展战略上，一般人是不知道幕后布局的，这个局就是京东物流社会化开放战略。

1. 京东为何布局阳澄湖大闸蟹物流

大闸蟹是生鲜行业的标志产品，运输配送过程难度极大。谁能布局一张能够覆盖全国核心城市 C 端的冷链物流网络，谁就抓住了中国电商物流一个绝佳的商机。它需要的"干线冷链物流网络+快速中转 HUB+快速城市配送"网络，这个方面京东在其他单品中已经运营成熟，而冷链涉及的复杂度极高。此次京东布局大闸蟹物流战略是寄希望于阳澄湖大闸蟹是爆款单品，能快速历练京东的运营体系。2016 年京东将专门依托自己的冷链配送体系为大闸蟹提供包含物流、运营和营销在内的全套解决方案。

2. 京东生鲜物流服务于阳澄湖大闸蟹的运营模式

2016 年京东宣布的是 170 个城市次日达，京东究竟是如何做到的？据悉，京东这次所推出的大闸蟹物流解决方案是京东物流在冷链"鲜活宅配"领域的一次重大升级。京东的生鲜物流网络的运营模式是京东标准化的冷链配送体系，其可实现生鲜产品在产地运输、干线运输、仓储、终端配送四大环节的全程冷链无缝衔接。

一是在网络范围上：配送范围不仅将覆盖北京、上海、天津、重庆四个直辖市全市，而且在安徽、江苏、浙江、广东、河北、山东、山西、陕西、河南、湖北、湖南、四川、辽宁、黑龙江等省份实现超过 200 个城市的覆盖。

二是在时效保障上：全程冷链的阳澄湖大闸蟹配送时间压缩到 48 小时之内，其中超过 170 个城市提供次日达服务，其他城市可以实现隔日达。

三是在运营创新上：包括协同仓模式和循环取货模式。

协同仓模式：2016 年，京东生鲜专门在阳澄湖畔设立协同仓，新鲜出湖的大闸蟹，被捆扎后，将立即送往协同仓进行急速冷冻分装，继而发往全国，通过缩短配送流程，实现了原产地与消费者的直接对接。

循环取货模式：京东 2016 年将专门在阳澄湖设立中转站，根据蟹农的出货时间从上午 10 点到晚上 8 点，2 小时一次安排循环接货，保证当天出水的活蟹，在阳澄湖本地快速包装分拣，马上进入配送环节；在配送过程中，保证当天出水的活蟹在阳澄湖本地快速包装、分拣、冷冻。

四是在干线运营上：生鲜快递物流的运营，完全不同于大众类商品走普通的快递模式，而是必须要结合每一个区域的物流网络属性，实现最佳的运营方式。据了解，京东为保障大闸蟹的宅配，凭的是速度和稳定，并定义了不同的模式：华东区域运营篇采用专线陆运，全程采用冷藏车；其他地区运营采用航空直发，机场提发货也均采用冷藏车。

五是在爆仓备用运营支撑上：为应对订单高峰导致的航班爆仓，京东投入了充足的备用干线冷藏车，在空运受到限制的时候，启动干线冷链班车直发的方式。整体来说三套运营方案可以有效地保障大闸蟹高效、安全的运营。

第四节　中粮集团生鲜供应链与全产业链流通

中粮集团（以下简称"中粮"）成立于 1949 年，是大型国有控股企业，下属有 6 家上市公司及 20 多家子公司。70 年来一直是国家小麦、玉米、大米、食糖等大宗农产品进出口的主渠道。中粮从粮油食品贸易、加工起步，产业链条不断延伸至种植养殖、物流储运、食品原料加工、生物质能源、品牌食品生产销售以及地产酒店、金融服务等领域。

一、中粮集团全产业链发展战略

1. 中粮集团的基本情况

中粮集团通过日益完善的产业链条，已经形成了诸多品牌产品与服务组合：福临门食用油、长城葡萄酒、金帝巧克力、屯河番茄制品、家佳康肉制品、香雪面粉、五谷道场方便面、悦活果汁、大悦城 Shopping Mall、亚龙湾度假区、凯莱酒店、雪莲羊绒、中茶茶叶、金融保险等。这些品牌与服务塑造了中粮高品质、高品位的市场声誉。

中粮利用国内外资本市场展开一系列的产业整合和重组并购，引入国际资本市场监管与评价机制，完善资源配置体系、管理架构和运行机制，持续提升企业核心竞争力，为利益相关者创造最大化价值，并以此回报全体客户、股东和员工。作为投资控股企业，中粮旗下拥有中国食品、中粮控股、蒙牛乳业、中粮包装四家香港上市公司，以及中粮屯河、中粮地产和中粮生化三家内地上市公司。

中粮不断扩大与全球业务伙伴在农产品、粮油食品、番茄果蔬、饮料、酒业、糖业、饲料、肉食乃至生物质能源、地产酒店、金融等领域的广泛合作，有效利用自身遍及世界的业务网络，积极组织调配各项资源，使其一直拥有良好的经营业绩，持续名列美国《财富》杂志全球企业 500 强，居中国食品工业百强之首。2009 年 7 月，中粮集团成为中国 2010 年上海世博会高级赞助商。世博会期间，为将近 10 万名世博会工作者、志愿者提供粮油食品供应，为约 7500 万名访问者提供安全、营养、健康的粮油食品。

2014 年 2 月 28 日，中粮集团收购全球农产品及大宗商品贸易集团 Nidera 51% 的股权，这大大加快了中粮从我国粮食央企发展为全球粮油市场骨干力量的步伐。2016 年 8 月，中粮集团有限公司在 2016 中国企业 500 强中，排名第 25 位。

2. 中粮集团：全产业链发展战略设计及行动安排

中粮集团在 2009 年首次提出"全产业链"战略，对产业链上下游环节进行整合，将市场交易行为转化为管理协调，可以提高价值的增值效率和企业对产业链的掌控能力。中粮以消费者为导向，在"从田间到餐桌"需要经过的种植采购、贸易物流、食品原料和饲料原料、养殖屠宰、食品加工、分销物流、品牌推广、食品销售等每一个环节上对产品质量进行全程控制，为消费者提供"安全、放心、健康"的食品，从而使中粮的"优质食品源于每一个环节的保证"以全产业链的经营模式推动中粮成为具有国际竞争力的食品企业。

中粮集团的全产业链战略主要分为上游、中游和下游三部分，针对不同的部分中粮集团均进行了细致的部署与规划，力求达到整体上的统一与协调。

一是上游整合途径。上游主要负责两方面，一方面是集团自己建立种植和养殖基地；另一方面与农场或农户签订种植、养殖合同，以整合集团供应链问题。

二是中游整合途径。中游主要负责提升集团的加工能力。将自建、并购和建立战略合作关系这三种相互补充相互依托的方式结合起来，发挥最大优势。

三是下游整合途径。通过产品开发和技术研发与创新、品牌传播和物流领域的建设，向消费者输出"健康"的产品理念。

3. 中粮集团全产业链战略理念推广

中粮集团战略理念的外部推广。提出全面营销"产业链，好产品"口号。2009 年 9 月 19 日，中粮全面启动了"产业链·好产品·让生活更美好"大型路演暨社区巡展活动。2009 年 9 月中旬至 11 月中旬在北京、上海、天津、沈阳、武汉、成都 6 个城市为消费者呈现 48 场大型路演及 190 场社区活动。与此同时，中粮将传统的报纸、海报、广告等营销与新兴的微博互动营销结合，将"产业链，好产品"深入到消费者的认识当中，传递着安全、放心、高品质的信息，重塑消费者对食品的信心，而且提升了中粮作为国企的社会责任形象。在如此强有力的营销宣传作用下，全产业链的信息和理念得到了大范围的推广，有益于品牌的树立。

中粮集团在内部，不断强化"全产业链"的战略概念。同时，中粮集团于 2005 年 4 月创办的内部期刊《企业忠良》也在内部教育和引导上扮演着重要的角色。"企业忠良"在一定程度上与"全产业链"提倡的"安全、营养、健康"的理念不谋而合，更有利于企业传递管理思想、深化管理理念、探讨公司经营，统一认识，凝聚人心，对于其执行"全产业链"战略意义深远。

4. 中粮集团全产业链：扩充与完善行动

2009 年 12 月 23 日，中粮集团有限公司宣布以 1.94 亿元的价格收购肉制品公司万威客 100% 的股权，将其纳入集团的肉食产业链发展规划中，收购"万威客"这一终端肉食品牌，主要是为了完善其在湖北、武汉、天津和江苏东台等生猪养殖上游基地的终端产品销售网络，并为此提供原材料。中粮自有的"家佳康"产品主要是生鲜肉和熟食肉制品，主攻普通消费者，"万威客"主要产品为西式低温肉制品，主要走高端路线。

由 B2B 向 B2C 转变，打造品牌，进入终端消费品品牌。2009 年 8 月 18 日，中粮集团旗下专业食品购物网站"我买网"正式上线运营。中粮从传统的 B2B 模式向充满潮流、顺应时代发展的 B2C 模式转变，走向了靠近消费者的终端，是其产业链的进一步延伸，推进了全产业链战略。"我买网"不仅有益于其集团旗下的各种产业的整合，更让中粮的形象年轻化、时尚化，容易锁住年轻的消费群体，加深其"自然、健康"的品牌感知。

营养健康研究院为"全产业链"战略提供科技驱动力。2011 年 4 月 26 日，中粮集团投资 32 亿元打造的营养健康研究院在北京未来科技城南区正式奠基。这是国内首家以企业为主体的、针对中国人的营养需求和代谢机制进行系统性研究的研发中心，其研发领域包括应用基础研究、加工应用技术、品牌食品研发和知识管理平台四大研发集群。营养健康研究院从研发上，为消费者提供"安全、健康、营养"的产品，更进一步深化了"全产业链"的战略理念。

二、中粮肉食的业务结构与全产业链模式设计

1. 中国集团旗下的肉食业务板块

中粮集团与生鲜流通有关的业务，主要集中在中粮肉食投资有限公司。中粮肉食投资有限公司是中粮集团旗下的一家集饲料加工、畜禽养

殖、屠宰、深加工、冷链配送、分销及肉类产品进出口于一体的现代化农业产业化企业，其致力于为广大消费者提供安全、健康的肉类食品。

2．中粮肉食全产业链发展模式

中国肉食作为中粮集团旗下的核心企业，在这一大的发展战略指引下，提出了"中粮肉食全产业链发展模式"，旨在打造一条集饲料加工、畜禽养殖、屠宰、深加工、冷链配送、分销及肉类产品进出口于一体的全产业链，逐步建立了全产业链的猪肉和禽肉生产、加工和流通体系。

3．中粮肉食全产业链的主要环节

这一全产业链由四大环节构成：

一是育种阶段。该阶段为产业链的基础环节，猪种好，肉质才好。科技含量的高低，在一定程度上影响产业发展的基础，因此，技术因素的发展不可忽视。

二是养殖阶段。该阶段为肉食安全概念的基础，保障加工原料的供应，平抑周期波动给产业链效益带来的影响①。

三是屠宰加工阶段。该阶段为塑造鲜肉品牌的基础，满足消费者以鲜肉为主的消费需求，保障肉制品原料供应和鲜肉食品安全卫生的重要环节。

四是流通阶段。该阶段为塑造品牌消费品的基础。

4．中粮肉食全产业链各环节的经营模式选择

在投资控制和经营模式上，中粮肉食的选择是：育种阶段：自建为主。养殖阶段：利用社会资源，有效组织、控制。屠宰加工阶段：自建、租赁、并购。分销阶段：自建、租赁、并购。

三、中粮肉食全产业链的业务构成及基本情况

中粮肉食有限公司控股企业六家，包括种猪培育、饲料加工、商品猪饲养、肉食品加工及配送一体。近年来，中国的肉类食品使市场出现了比

---

① 肉食产业链中，鲜肉和熟食具备品牌差异化性，猪种可以影响猪肉品质，有助于形成猪肉品质差异，具备一定的品牌差异化性。

较明显的供需波动，所以稳定和调控市场关系重大，同时也为整个行业的转型和发展带来了巨大机遇。中粮肉食不断加强上游基地建设，积极壮大技术、品牌和营销力量，在差异化基础上，利用在布局、规模等方面的协同效应，加强成本控制，为消费者提供营养、健康的肉食食品[①]。

中粮肉食业务包括：猪肉业务，即涵盖饲料生产、生猪养殖、屠宰、生鲜猪肉及肉制品生产、经销店销售的垂直一体化业务，通过垂直业务模式整合整个行业价值链。国际贸易业务，即在中国从事冷冻肉及副产品进口及销售。

1. 生猪养殖

中粮肉食已拥有遍布中国的 47 个猪场。生猪年产能从 2013 年底的 130 万头增至 230 万头，2016 年底增至 350 万头。养殖的生猪中对外销售部分主要供应毗邻养殖场的屠宰场、生猪交易商或小规模生猪养殖场，大部分是向内部销售。

生猪养殖业务所需饲料来自内部饲料生产、与中粮集团两间饲料加工厂的代加工安排（前两者约占总需求量的20%）及自第三方采购等。截至 2017 年底，有四个饲料生产厂共计 72 万吨饲料产能释放。

2. 生鲜猪肉

中粮肉食的生鲜猪肉分部包括生猪屠宰业务及鲜猪肉产品的生产、经销及销售，其中屠宰能力 200 万头的屠宰场有江苏省东台市场（年屠宰能力 150 万头）、湖北省武汉市场（年屠宰能力 50 万头）。同时，也聘用外部屠宰场即华北地区的生猪养殖场提供屠宰服务。分部大部分生猪为其在生猪养殖业务中处理的生猪，其余生猪则购自外部供应商。

分部以片肉、猪肉分割品、小包装鲜肉产品及副产品形式对外销售鲜猪肉产品，其中两个屠宰场生产的绝大部分为冷鲜猪肉产品。冷鲜片肉及猪肉分割品主要销售与批发商、经销商、大卖场、超市、餐厅及食堂以及

---

① 中粮肉食产业链通过 5 道关卡严格把控产品质量，守护安全。环境关：拒绝重金属；养殖关：拒绝激素；饲料关：拒绝生长素；检验关：拒绝瘦肉精；运输关：拒绝污染。通过五道关卡具体实施全产业链战略。

家佳康专卖店；品牌小包装冷鲜肉产品主要销售与大卖场及超市，也通过家佳康专卖店和电商渠道销售；冷冻猪肉则主要销售与食品加工商以及批发商、餐厅及食堂。除外部销售外，生鲜猪肉分部亦向肉制品分部提供生鲜猪肉作为原材料。

3. 肉制品

中粮肉食的肉制品包括各类肉制品的生产、经销及销售，其中大部分为优质低温肉制品（95%以上）。2015年有位于湖北武汉和广东鹤山的共计两个肉制品生产基地，合计产能每年17000吨。采购来源为生鲜猪肉分部、国际贸易业务以及中粮禽业。低温肉的销售收益方面，在广深市场排名第一，武汉排名第二及北上排名第三。

中粮肉食根据消费者不断变化的喜好开发肉制新品，2015年推出了50种新品，销售收益6610万元，占肉制品总销售收益的20.1%。

4. 国际贸易

中粮肉食国际贸易业务中进口冷冻肉类产品包括猪肉、牛肉、禽肉、羊肉及副产品，根据2015年数据，供应商来源于巴西、智利、德国、丹麦、澳大利亚及新西兰等领先生产国，其进口品在中国销售，包括向自有的肉制品分部内销。2015年其在中国肉类进口市场排名第二。

四、中粮肉食全产业链模式的优势

中粮肉食拥有"家佳康"和"万威客"两个核心品牌，品牌价值定位为高标准的食品安全和品质，其中以"家佳康"品牌推销小包装生鲜猪肉制品并在家佳康专卖店销售部分生鲜猪肉产品，渠道地域范围集中于华中、华东及华北地区。

截至2015年底家佳康专卖店已经形成覆盖15个城市200家的规模，大部分为自营，少量为加盟等，其一般位于大卖场、超市及商业综合体。以"万威客"品牌在华东和华南地区销售肉制品，主要为中高端低温肉制品。截至2015年底，共有308名经销商，其中175名生鲜猪肉产品经销商和133名肉制品经销商。

与其他同行企业相比，中粮肉食最大的特点是产业链完全打通，相比双汇和雨润，中粮肉食向上打通到了饲料生产和生猪养殖环节，而相对牧原股份纯生猪养殖，中粮肉食将产业链延伸到了下游环节。但是全产业链的布局反而降低了各环节效率最大化，同时增加了成本，这也导致中粮肉食的盈利水平低于同行企业。

中粮肉食全产业链模式的业务特点主要有：一是"全产业链"模式能够使企业迅速扩大规模，避免上游供应商因交易导致的机会主义的产生；二是"全产业链"模式能够提高企业技术水平，专注于核心技术的发展，通过收购上下游的公司，能够学习心得技术，在此基础上发展自己的核心技术，提高竞争力；三是"全产业链"模式可以降低交易成本，一体化有助于削弱对手的价格谈判能力，这不仅会降低采购成本，还可通过减少谈判的投入而提高效益，低成本是企业的重要战略目标，整合上下游企业，有助于降低交易成本，提高企业运营效率和盈利能力；四是"全产业链"模式可以确保企业的供需，纵向一体化能减少上下游企业随意终止交易的不确定性；五是"全产业链"模式可以提高进入壁垒，一体化战略可以控制关键的投入资源和销售渠道。

第五节　构建中国特色生鲜供应链与流通体系

一、目前国内生鲜供应链的重点难点

生鲜供应链体系涉及生产、采购、流通以及零售，从农业、物流到零售横跨三个产业，产业对接不均衡、效率不匹配，生鲜从生产到消费成本高、损耗高、加价高。规模采购与生产端分散化矛盾、物流端与零售端的矛盾、生鲜商品属性与基础设施矛盾，反映在结果上，就是消费需求旺盛与商品标准化矛盾、新零售与农贸市场的矛盾。在生鲜供应链上建立现代化的生鲜采购体系，就是要从信息流、物流、资金流维度解决农业、物流与零售体验的生鲜供应链的痛点。

1. 生鲜供应链存在的主要问题

目前来看，我国生鲜供应链存在的普遍问题，包括集中度不高、损耗率高、加价率低。生鲜不同品类生产、物流及销售管理标准化程度不一，整体来看养殖上游产业化区域集中度强于种植。

生鲜核心涉及猪肉、蔬果、水产品等，猪肉上游养殖形成南北双雄（双汇、广东温氏），流通端基于冷链物流等，运输半径扩展，但物流和零售效率仍有待提升；水产，已经形成上游的产业化趋势，但产业集中度水平不高，产品的标准化、运输问题仍是水产的问题。蔬果，上游种植产业集中度不高，严重依赖冷链等基础设施，区域运输半径小，采购的标准化问题难以短期解决，产品损耗率高。

2. 生鲜供应链模式的打造与选择

生鲜新零售供应链模式对比：超市 vs 开放平台。国内现代化的供应链企业主要分为两种模式，现代化的超市和依托互联网的开放类平台 B2B。现代化的超市是实现全产业链的管控，国内诞生了永辉超市和家家悦的超市企业，而外资受制于采购、物流中心等，在生鲜供应链采购上实力不强，以沃尔玛、家乐福和大润发为代表。开放型供应链平台依托互联网，互联网收集下游订单，担当一级批发商或准生产商的角色，提升物流规模和效率，区域化分布仓储，向终端餐饮、超市等输入生鲜供应链，以善之农、美菜、宋小菜为代表。笔者认为，以封闭型供应链为代表的永辉超市和家家悦效率最好，能够持续长期发展，而以互联网为依托的 B2B 的生鲜供应链企业有望诞生独角兽。

3. 我国生鲜供应链体系建设需要强调的重点领域

一是加强生鲜品类管理。首先，强化有特色的生鲜品类规划。从品种特性出发，梳理品种产地地图和货架期日历；并在此基础上充分结合消费者需求趋势，形成月度/周度的生鲜品种菜单，满足消费者尝鲜求新的餐饮需求。其次，兼顾明星产品和品种丰富度。明星商品对打开市场，提升流量有快速推动作用。最后，加深对商品的理解，掌握线上线下商品的共性和特性。抓住全渠道共有的畅销生鲜品种；通过差异化选品、特殊包装、差异化定价等方式来满足线上和移动消费需求。

二是打造具有差异化竞争力且高效有弹性的生鲜供应链体系。商家首先应以消费需求为导向，结合自身经营现状，针对大宗主力品种、时令季节品种、时令尝鲜品种，优化不同品类的供应链模式组合，在直观基地、产地工厂、产地代理、经销等多种模式之间选择合适的组合，获得灵活性与专业性之间的平衡。其次配合消费升级，零售商还需加强跨国供应的模式打造，建立国别和品种采购地图，充分挖掘供应链端到端的专业合作伙伴，打通海外生鲜供应链。

三是搭建全渠道生鲜物流配送网络，保障商品新鲜呈现或送达。企业应从自身情况和全渠道消费趋势出发，梳理和优化供应商、大仓、门店的生鲜仓储体系，通盘整合资源，升级生鲜物流体系。针对生鲜产品保鲜要求高，易损耗的特点，企业充分利用已有线下触点并结合线上移动消费特性，设计和建设生鲜常温和冷链配送体系，建设高效节约的全渠道生鲜配送能力。

四是提升生鲜专业化经营能力，满足消费升级的精细化需求。为了满足消费者不断提升的要求，企业应从以下几个方面提升生鲜产品的专业经营能力：第一，线下生鲜经营的能力。企业通过生鲜基础设施建设（如中央厨房）和营运能力提升（如生鲜互动式售卖）来升级生鲜消费的购物体验。第二，线上、线下商品加工和规格管理。企业需细分全渠道不同消费者对生鲜产品的需求，提供差异化的包装标品和半加工商品，以解决消费者各类需求的痛点。第三，生活方式创新服务。借助全渠道触点，企业可以提供新奇烹饪手册和养生指南等生活方式服务，营造购物乐趣。目前，纯电商平台已经不能满足现在用户的购物需求及购物习惯，实体商业也一片疲软，全渠道是互联网环境下电商模式升级的必然结果，传统生鲜零售企业的互联网转型需求越来越高，而生鲜电商平台与传统企业合作也可迅速补足线下短板。第四，专业品控、品种专业分级和全程可溯源服务。针对消费者对生鲜产品信任程度不高的痛点，企业可以建立专业可靠的生鲜品质控制体系；建立精细的品种品质分级体系（如甜度、酸度等）；实现全渠道商品种植、运输、加工和有效期可追溯，给消费者安心的购物体验。

五是建立符合生鲜供应链管理特征的组织架构及管控体系。提升生鲜专业能力绝非某个业务部门和团队的任务，而需要整个组织和管控体系的转型支持。生鲜经营具有产品时效性、季节性强，辅助决策的数据可得性低，营运现场决策多等特点。组织架构和管控搭建需要确保从产品开发、采购到现场营运利益机制一体化、透明化；同时组织要缩短决策链条，支持高频的供应链各环节决策（规划、下单、调价、促销等）。

随着消费升级的大潮，未来中国生鲜市场仍将保持高速发展。无论是线上还是线下，生鲜业务对零售商都有极大的战略意义，谁都无法承受兵败生鲜市场的风险。"治大国若烹小鲜"，企业再大，都需从百姓的菜篮饭桌出发，以他们的口味和痛点为抓手，进行组织转型，建设相关能力，方能从竞争中脱颖而出①。

二、加强生鲜供应链核心企业能力建设

1. 不断开发和应用先进的物流技术

生鲜供应链的核心企业（批发市场运营商、大型连锁超市、加工企业）应积极开发和引进各种先进的冷冻、冷藏技术，普及冷藏保鲜技术，从而建立起现代化的冷链物流系统，降低生鲜的流通损耗，提高流通效率。具体来说可以采取的措施包括：研制开发品种齐全的冷藏车，定期更新冷藏物流设备；开发适应不同生鲜生理特点的宽温度冷藏运输技术，严防生鲜变质和二次污染；对生鲜进行规范化、合理化包装，广泛使用透气保湿且环保可降解的塑料薄膜，保持生鲜产品的原色原味和营养成分；开发和应用适应小批量、多品种、高频率的物流配送技术，提高生鲜的配送

---

① 吕晃，郭又绮，王佳茜，刘嵘. 中国生鲜消费趋势报告［EB/OL］. https：//www. sohu. com/a/114945251_ 377096，2016.

和分销能力；应用生鲜物流规范化的作业流程，实施大规模作业以降低成本，并根据不同的产品种类，积极开发和应用散装和集装技术等。

2. 加强与供应链上下游企业之间的合作关系，形成公平合理的利益分配机制

首先，生鲜供应链的核心企业（批发市场运营商、大型连锁超市、加工企业）应积极探索建立与农户、生产基地、供应商、经销商等供应链上下游企业之间的合作机制，充分共享各种信息，才能形成各流通环节紧密的衔接关系，建立起高效的生鲜供应链组织体系；其次，无论是以批发市场运营商、连锁超市还是以加工企业为核心企业，其供应链管理的核心都是形成公平的利益分配机制，而该机制建立在供应链各节点企业相互信任的基础上，因此应充分考虑供应链内部各个参与主体的相关利益，在合理的利益分配格局下达成一致目标，才能提高供应链的整体利益。

3. 大力发展生鲜流通加工

生鲜流通加工可以减少产品损耗，延长保存期限，提高生鲜的附加值。因此，生鲜供应链上的核心企业，应大力发展生鲜流通加工，依靠科技进步来提高其综合加工能力，实现生鲜加工业由初级为主向高附加值的精深加工为主转变。以生鲜加工企业为例，首先，应树立品牌意识，实施品牌战略，努力开发系列优质名牌产品，不断提高产品的档次和质量，争创地区、国家名牌产品；其次，要加强销售网络的建设，拓宽销售渠道，扩大营销网点，提高市场营销力，促进加工产品的出口。

4. 深化对生鲜专业批发市场的改造升级

这主要体现在批发市场服务功能拓展方面，应在原有的商品集散、短期存储等功能的基础上，进一步扩充其职能，建立起综合化、一体化的物流服务体系。首先，作为供应链核心企业的批发市场运营商，基于"企业办市场"的理念，应当采取股份制形式，按照规范的现代企业制度进行运作，积极构筑"农户+基地+批发市场+零售店+消费者"的生鲜流通模式；其次，批发市场运营商应当采用先进的电子信息技术辅助生鲜交易，通过配备完善的信息技术平台和物流设施，将生鲜的生产和销售活动纳入整条

供应链体系，从而建立起一个集批发交易、仓储保管、冷冻冷藏、分拣包装及物流配送等服务为一体的新型供应链体系；最后，批发市场运营商应当与生产基地或专业大户建立稳定的战略联盟关系，从而保障批发市场交易的稳定性和持续性。

5. 加强物流配送中心建设，提高生鲜流通效率

生鲜供应链的核心企业（批发市场运营商、大型连锁超市、加工企业）可以通过自建物流配送中心或者第三方物流配送中心，提高整体配送水平，降低物流成本，实现规模化经营和销售利润最大化。以连锁超市为例，首先，它通过物流配送中心向生产基地或产地批发市场集中采购生鲜，减少了中间环节，建立了直接、有效的流通渠道，大大提高了流通效率；其次，它通过物流配送中心的建设，运用现代化的管理信息技术，能快速反映生鲜的供求状况，令连锁超市及时调整内部销售计划和库存水平，从而极大地改善了各门店的经营效率。

三、充分发挥政府职能，搞好生鲜流通

搞活生鲜流通是发展市场经济的客观要求，也是当前深化农产品流通体制改革、实现流通现代化所必须解决的一个基本问题。我国要搞活生鲜流通必须把着重点放在市场上，由市场机制引导生产、调节供求，同时也应当重视政府的宏观调控作用，形成以农户和生产基地为基础，以中央批发市场为龙头，以各区县市场为纽带，以完备的法律法规体系为保障，形成产、供、销一条龙的流通模式。为促进生鲜流通的发展，提高供应链管理水平，需要政府的宏观引导和公共服务，其主要职责包括以下几个方面：

1. 积极引导生鲜冷链物流的发展

对于建立和完善生鲜冷链物流体系，党和政府应给予积极的引导，要加强生鲜冷链物流的整体规划，制定有利于冷链物流发展的法规和规章制度，包括冷链物流业绩评价指标、生鲜冷链温度立法等；要加强物流基础设施的建设，合理布局市区和郊区的农产品物流网点和农产品配送中心，

尝试在交通要道附近建立大型农产品物流园区，加大冷藏车辆和相关物流技术的投资，构建生鲜冷链的公共信息系统；应扶持农产品物流企业的发展，在政策层面上给予农产品流通企业优惠和宽松的发展环境，重点培育一批发展潜力大、经营效益好、辐射带动能力强的农产品冷链物流企业，使它们成为行业的中坚力量。

2. 大力培育和扶持生鲜流通主体

政府应加大扶持的力度，引导生鲜组织向更大范围、更深层次发展和延伸，把更多的精力放在流通链条的整合上，鼓励和支持上下游企业建立长期的合作关系；鼓励农户建立起各种生产营销合作组织；引导农产品批发市场和加工企业直接面向超市、社区菜市、便利店进行生鲜配送；鼓励和推动连锁超市与生产基地建立长期稳定的产销联盟；积极培育第三方生鲜物流组织，不断提升其业务水平；此外，政府还应积极引导生鲜流通企业与大专院校、科研部门联合。

3. 充分发挥生鲜行业协会和专业合作社的作用

为促进生鲜流通，最大限度地降低市场风险，确保生鲜流通组织获得比较稳定的收益，应依托批发市场、龙头企业和专业合作社，广泛联合供应链上的生产、运输、加工、销售企业和组织，建立和完善生鲜的行业协会。为此，我国政府应加快行政管理体制改革，减少行政审批，把部分职能下放为行业协会，使协会能提供更好的服务。同时，应加强协会内部建立，制定和完善符合行业特点的章程，建立健全各种内部规章管理制度。协会应根据不同层次会员的要求，设置不同的服务项目，并积极采用现代经营手段来为会员提供服务。

4. 大力推广应用拍卖交易方式

拍卖交易具有形成市场价格、降低交易成本、提高市场透明度等明显的优势，已成为国际上规范批发市场价格形成机制相当普遍的方式。我国在发展生鲜流通的过程中，应积极推广采用拍卖交易方式，为此批发市场应建设一定规模的专用交易大厅及其他物流设施，安装网络化的交易系统，尽快建立健全生鲜质量控制和检测体系，促进生鲜质量的等级化、重量标准化、包装规范化建设。

5. 积极稳妥的推进农产品期货交易的发展

期货交易作为一种即期成交、远期交割的交易方式，十分有利于农户了解生鲜的价格走势和供求关系。农户据此调整生产结构，可以有效地避免生产的盲目性。同时，期货交易可以避免生鲜集中上市带来的季节性价格下降，提高了农户在现货市场交易中的地位。截至 2007 年底，随着期货市场的快速发展，我国已经基本建成了大宗农产品期货交易体系，全国有期货经纪公司约 182 家，上市交易农产品期货品种 16 种，全年成交金额261271. 3 亿元，成交量达 6.31 亿手。① 而 2009 年，经证监会首次披露，我国商品期货成交总量已跃居全球第一，其中农产品期货市场成交量创纪录的达到了 12.35 亿手，比 2007 年增长了 95.7%。因此，在农产品期货市场蓬勃发展的大前提下，政府应积极完善上市品种结构和上市制度，加快推进期货市场的法律建设，实现农产品期货交易的良性发展。

6. 减轻流通环节的收费和税收负担

第一，进一步完善绿色通道政策。目前绿色通道只针对新鲜果蔬、鲜活水产品、活的畜禽和新鲜的肉、蛋、奶开放，上述产品的深加工产品以及冷藏冷冻肉类等农产品没有被列入范围。同时，国家级"绿色通道"只有"五纵二横" 4.5 万公里，仅占收费公路总里程的 20%。因此，国家应进一步完善绿色通道政策，将执行绿色通道的品种范围由鲜活农产品扩大到农产品深加工产品、冷冻冷藏肉类、花卉等重要农产品，并将免收生鲜运输车辆通行费的道路范围扩大到全部收费公路。

第二，政府应当在充分调研的情况下，研究改进生鲜流通环节税收政策。具体来说应当从以下两方面入手：一是鉴于生鲜售价普遍不高、自然损耗率大、流通环节增值较小的实际情况，建议对农产品流通实行零税率。对单纯从事生鲜购销业务的纳税人，视为农业生产者自产自销，全额免征批发环节和零售环节增值税；对从事生鲜零售的一般纳税人，取消凭

---

① 杨雪，乔娟. 中国农产品期货市场发展历程、现状及前景 [J]. 农业展望，2008（3）：
38-40.

收购专用发票抵扣税款的政策，按照不同的类别和品种，依据营业额的一定比例，采用从低到高原则，确定合理的增值税率。二是对于批发市场税费高的问题，可以考虑参照发达国家的做法将农产品批发市场作为公益性设施给予免税，减免征收土地使用税、房产税，减半征收营业税，并参照国家级农业产业化龙头企业的做法，适当降低所得税税率。

7. 加快生鲜流通的信息化建设

第一，加快批发市场和农贸市场的升级改造，提升其现代服务功能。批发市场、农贸市场的信息化基础设施建设包括设立信息中心、结算中心和检测中心，配备现代化网络设备与检测仪器，引进电子交易结算系统等。

第二，强化市场信息服务水平，提高信息的标准化程度。应鼓励农业协会、农民合作组织、农业企业等多个流通主体参与农产品市场信息的发布，改变政府单一提供市场信息的局面；信息发布手段也应当实现多样化，充分采用手机短信、电子邮件、农业网站等多种渠道发布市场信息；在信息标准化建设方面，政府信息管理部门应当将生鲜的信息采集、发布、人员配置等纳入管理范围，规范信息采集指标和采集方法、信息发布口径、对象和渠道等。

第三，建立第三方农产品电子商务平台。相对于农业信息网站，第三方农产品电子商务平台能提供更强大的农产品交易服务，包括及时提供市场价格信息、供需信息、农资信息等。

8. 加强生鲜流通的法律法规建设

第一，完善农产品市场交易法律法规。欧美和日本等发达国家都制定了关于农产品市场交易的法律法规，取得了不错的成效，而我国至今没有关于规范农产品市场交易的法律法规，造成市场秩序的混乱，因此出台一系列的农产品市场交易法异常紧迫。首先，应制定《农产品市场交易法》规范农产品流通中的批发市场、零售市场的市场交易秩序。其次，应制定《反垄断法》规范农产品交易中的垄断行为，为构建农产品市场合理与公平竞争秩序提供法律条件。

第二，完善农产品主体法律制度的建设。首先，通过立法明确农产品经销企业、供销合作社等流通主体的法律地位，从而理顺农产品经营体制；其次，通过健全的法律法规为农产品市场主体提供完善与可靠的保障，提高农民进入市场的合约化和组织化程度；最后，应大力发展农民合作组织和农村行业协会，保障农民在交易中处于平等地位。2006 年 11 月，我国出台了《中华人民共和国农民专业合作社法》，该法明确了农业合作社的法律地位，但对于农产品行业协会的法律法规，我国到目前为止还没有出台，这造成了协会在加强行业自律以及维权时无法可依。因此，应加快制定专门的农产品行业协会的法律法规。

9. 建立有效的生鲜质量安全保障体系

第一，建立统一高效的生鲜质量安全管理体系。各区县农委应按照《农产品质量安全法》的要求，依法履行本辖区范围内的农产品质量安全监督管理职责；切实组织实施农产品安全生产、监测检验、监督检查等项工作；建立多部门联动、联合监管的工作机制，密切协调工商、质检、卫生等相关部门开展工作，建立定期联席会议形式等联合监管的工作机制。

第二，加强生鲜质量安全的检测与监督检查。农产品质量的安全检测是确定产品质量的重要手段，各区县要将农产品质量检测作为质量安全的核心工作来抓。具体检测工作应包括：开展生鲜质量安全监督监测，定期开展现场检查。

第三，建立农产品质量追溯制度，严格市场准入管理。各区县要在贯彻蔬菜与水产品两个市场准入文件基础上，研究提供京郊农产品进入市场的产地证明、产品质量合格证明的具体形式；要强化生鲜质量安全追溯的监管功能，进一步扩大配送、直销企业的追溯试点范围；各区县要在扩大试点的同时，加强对追溯试点企业的管理，督促企业按照规定确保追溯系统功能的实现，以利于社会监督。

第四，严格农业投入品的管理。一是要开展农业投入品的执法检查，加大对禁销禁用高毒高农药残留和有害饲料添加剂、兽药的监管力度；二是要加强对配送服务站的监督管理，保证农资的质量安全，保证农民放心使用、科学使用。

第五，进一步实施农业标准化生产。市级主管部门要在认真贯彻 1600 多个国标、行标和地标组成的农业标准体系的基础上，积极完成 90 多项北京市地方标准的制定（修订）工作；各区县要通过强化生产档案记录，将全程各项标准化操作落到实处；通过"三品"的认证来推动农业标准化的实施，实现生鲜质量安全的全程控制目标。

第四章 社区生鲜：生鲜流通的引爆点

第一节 社区生鲜与生鲜流通渠道变革

一、生鲜商品的消费特点

1. 交易持续性

生鲜商品是人们每天生活的必需品，其交易重复性高，总体供求的价格弹性小。多数生鲜商品的交易数量和次数都比较大，不像大型机器设备，购买一次要许多年来折旧，而主要农产品每天或几天都必须交易。同时如今人们的消费水平提高，人们不会过度地去预知某种生鲜商品价格而进行大量购买，从而用上几周甚至几个月；相反，人人喜欢新鲜的生鲜商品，基本上会每天购买。

2. 渠道复杂性

由于传统的农产品市场交易链及其渠道环节多，复杂且透明度不高。生鲜商品交易信息的对称性较差，受自然条件的影响，生鲜商品的生产和生鲜商品的需求具有较大的不可预知性，直营连锁能整体上降低成本、减少风险。

3. 流通费用高

传统的农产品市场交易成本占总成本比重大，价值重量比低，运费成本高。在整个生鲜商品成本中，其生产成本是低的，所能获得的附加值也低，但其交易成本（如运输、营销等）都是比较大的。直营连锁可以减少生产成本，缩短交易时间，交易成本越大，节省成本空间越大。

4. 市场变化快

生鲜商品的市场变化非常快，需要不断搜索寻找新的更加适合的交易对象。

5. 竞争激烈

大部分生鲜商品处于供大于求的状态，局部市场竞争非常激烈，比如农贸市场之间的竞争，超市之间的竞争，价格波动幅度大；同时由于固定农贸市场的环境差，大型超市生鲜商品品种少。借助直营连锁可以创造一个城市化市场，甚至是全国性市场，也可以通过特色的配送服务，更能打入市场。我国生鲜行业不同背景竞争者的特点如表4-1所示。

表4-1　我国生鲜行业不同背景竞争者的特点

类别	特点
个体经营	夫妻店扎堆开业，供给激增，经营压力大
实体经营	小型社区业态尚在拓展，整体体量有限
上游企业	上游农产品中游批发市场向下游延伸
区域连锁	异军突起，快速占领区域市场
纸上电商	电商自营线下社区店，生鲜电商赋能便利店

6. 对保质期有要求

农产品有时效性高、季节性强、不耐保存、易腐烂等特点，需快速交易及或完备的运输储存手段。电子商务正是能在应对这些问题方面显示其长处，生产者可以利用商务网站从更广阔的领域和更多的渠道来寻求需要的信息，快速地完成交易。

二、渠道下沉——生鲜流通发展新趋势①

1. 我国生鲜市场未来预测

根据易观数据显示，2017 年我国生鲜市场交易规模达 1.79 万亿元，同比增长 6.9%，且自 2013 年以来持续保持 6% 以上的增长，预计 2018 年生鲜市场交易规模将继续增长至 1.91 万亿元。

根据尼尔森消费者趋势调查研究显示，中国消费者通过高频次购买生鲜来保证产品的新鲜度，平均每周购买新鲜食品 3 次，这一数据高于全球平均值 2.5 次。其中，水果和蔬菜的购买次数最多（每周平均 4.48 次），其次是鱼类和海产品（每周平均 2.39 次）。

生鲜独特的属性使其难以电商化，被实体零售视为对抗电商的最后一个堡垒。也正是人们对生鲜产品稳定高频的需求黏性，使其成为流量红利末期线上线下零售企业吸引消费者的抓手和建立自身壁垒的战略品类。

2. 生鲜产业链现状：上游分散，中游流通环节多，下游渠道有限

上游为农产品生产。不同于美国农业的规模化生产，我国农村土地制度和相对贫瘠的人均耕地资源，决定我国农业生产长期以个体"小农生产"为主，生产经营分散、集中度较低，加之我国农业自动化技术还有待发展，因而从源头决定了生鲜品类难以标准化的特性。

中游流通环节层级多、损耗大、终端毛利低。由于极度分散的上游生产，又缺乏类似日本较为发达的农协体制，我国以批发市场为主的流通环节发挥的"集散"作用更为凸显。在农批市场主导的传统农产品流通体系下，分散于各农户的农产品先经过农产品经纪人收购，并在产地批发市场聚集、交易、定价，再经二级批发商、销地批发商运输分销，最终通过农贸市场、超市等渠道到达终端消费者。在物理上，由于传统流通环节标准化程度低，农产品经过层层环节的储存、运输、装卸，损耗严重；在价格上，农产品本身产品价值较低，叠加各流通层级所承担的物业租金、人工成本、

---

① 部分内容摘自中国蔬菜流通协会的《2018 年中国社区生鲜行业研究报告》。

包装物流以及经营所需利润，层层加价，导致产销两地差价较大，且生鲜零售终端毛利低。

下游渠道中传统农贸市场仍占据半壁江山，其他渠道有限。从上游农产品向下游流转的交易数据来看，2016 年中国农产品交易活动中 73%是经由传统农贸市场进行的，仅 22%是由超市主导完成的。从下游生鲜终端渠道数据来看，虽然超市渠道近几年占比稳步提升，由 2012 年 36.69%上升至 2016 年的 38.02%，但传统渠道（农贸市场、路边摊）市场份额仍占据生鲜渠道的半壁江山，2016 年渠道占比仍高于 50%。电商份额虽占比较小，但上升速度较快，由 2012 年的 0.55%上升至 2016 年的 2.12%。

3. 渠道变迁：传统渠道→现代超市→电商

21 世纪以来，我国生鲜渠道经历了从传统渠道到现代超市再到电商的变迁史。

（1）"农改超"。20 世纪 80 年代我国取消农产品统购统销制度，生鲜渠道由国营商业公司和供销合作社向农产品集贸市场过渡。21 世纪初，外资超市品牌开始涉足生鲜经营，启发国内超市生鲜化转型。同时，农贸市场散户经营缺乏有效监管，类似"瘦肉精""毒大米"等食品安全问题频发，加之购物环境脏、乱、差，围绕生鲜供给的民生问题逐渐引起政府重视。2002 年初，福建省福州市进行农贸市场超市化改造，各大中城市纷纷仿效，"农改超"在全国迅速推开。

从市场调查情况来看，生鲜购买行为迁移至超市新渠道的关键因素在于价格。生鲜消费群体广、年龄结构趋向中老龄化，加之消费高频，绝大部分消费者对生鲜的价格敏感度很高。在当时的消费水平下，超市渠道较高的生鲜价格让消费者望而却步，宁可忍受脏、乱、差的购物环境，承担潜在的食品安全风险。

2004 年商务部有关部门公布的一项调查显示，在品种与价格相同的情况下近八成消费者愿意到整洁、井然有序的超市去购物；但如果价格不同，则选择到超市的比例大幅下降。可见，价格在"农改超"政策实施中起着决定性作用。

（2）"农超对接"。生鲜经营渐成超市核心能力，巩固居民消费习惯拐点。政府对生鲜供应链变革的积极引导也至关重要。"农改超"较成功的福州、深圳不仅仅以政府之力加大资本支出、施以财政补贴，而是在生鲜供应来源、物流配送等流通环节也给予配套支持，从而从根源上决定了超市渠道的生鲜定价。在成功模式的推广下行业逐渐探索出"农超对接"模式。2008年12月，为推进农产品"超市+基地"的流通模式，引导连锁超市直接与产地合作社产销对接，商务部、农业部联合下发文对"农超对接"试点工作进行部署。超市生鲜"华丽转身"，消费习惯拐点逐渐巩固。随着"农超对接"不断发展，超市向上游供应链延伸的模式逐渐走通，超市企业纷纷加速布局生鲜品类。

京客隆、物美、首航等曾以联营模式将生鲜经营外包的各超市均开始收回经营权。超市生鲜业务完成了从曾经的"鸡肋"到"言必生鲜"的转身，其鲜活度、价格与农贸市场的差距逐渐缩小，甚至超越农贸市场。

加之食品安全、购物环境等多重优势下，居民进超市买生鲜的消费习惯逐渐成形稳固。2000年全国重点城市平均仅有10.34%的居民在超市购买生鲜，而2012年生鲜超市渠道占比增长至37%，并呈逐年上升态势。

（3）互联网风口催生生鲜电商，发展迅猛但模式尚未走通。互联网风口下电子商务发展迅猛，为生鲜电商渠道的诞生提供了发展契机。供给端，电商企业经过对原有业务的深耕开始向外谋求新品类的发展，生鲜、母婴、跨境等领域成为热点。

需求端，随着电商以及配套物流的逐步完善，消费者体验到线上消费的丰富度、购物乐趣以及在家收货的便捷性，因而启发对生鲜品类的线上消费需求。生鲜电商应运而生，加之各路资本助推加持，发展迅猛。2017年中国生鲜电商市场交易规模约为1391.3亿元，同比增长59.7%，增速持续下降但仍保持在50%以上。

然而，受制于农产品附加值低、线上渠道缺乏直观体验、冷链物流缺失形成的高昂配送成本等因素，目前生鲜电商盈利能力仍较弱，盈利模式也尚未走通，大多数生鲜电商仍处于持续亏损中。

4. 社区生鲜发展动力与趋势

由于生鲜经营难度较大，通常生鲜经营能力突出的大型超市能形成与农贸市场同水平的有效生鲜供给，而大型超市往往覆盖密度有限，加之实体零售近年来受电商冲击遭遇"关店潮"，自 2011 年起国内连锁零售企业旗下的大型超市数量显著减少。

在大众基础生鲜消费这个存量市场中，社区生鲜业态一方面通过满足当下消费升级和便捷性的双重需求；另一方面，经营有方的社区生鲜连锁还能通过有竞争力的价格、更贴近社区的优势，截流大型商超，抢占超市的市场份额。

供需缺口和政策扶持外加资本的助推，社区生鲜或将成为线下生鲜渠道的第三极。

2016 年以来，随着线上生鲜电商出现"裁员倒闭潮"，"盒马鲜生""京东 7 Fresh"等新零售物种诞生，线下生鲜经营再次引起关注。以农贸市场与大型连锁超市为主导的生鲜渠道格局正在慢慢被打破，具有较强便利性的社区生鲜业态开始成为前两者的有效补充，发展正盛，不同背景的各方纷纷入局。

（1）个体经营。夫妻店扎堆开业，供给激增，经营压力大。自 2017 年下半年开始，个体户经营的社区生鲜小店开始如雨后春笋般在各个小区周围扎堆开业，其中不少是由果蔬批发商、被农贸市场挤出的菜摊贩转型而来。但个体经营的资金能力和供应链整合能力都较弱，加之生鲜对经营能力要求高，经营压力较大。

（2）实体商超。小型社区业态尚在拓展，整体体量有限。大型实体零售企业纷纷推出小型社区业态品牌，如永辉社区店"永辉生活"、中百集团旗下的"邻里生鲜"、王府井与首航合作成立"王府井首航"品牌、利群集团打造的"福记农场"等。但在全国整体社区体量的占比仍较为有限。

（3）上游企业。上游农产品、中游批发市场向下游延伸。生鲜供应链变革中"被变革"的批发市场正积极转型，一方面积极搭建 B2B 平台，另一方面向下游延伸开设线下生鲜店。如农产品批发贸易商地利集团推出

"地利生鲜"，西北农产品批发市场欣桥推出"米禾生鲜"。农产品上游的农牧集团温氏也推出连锁加盟品牌"温氏生鲜"。

（4）区域连锁。异军突起，快速占领区域市场。生鲜连锁早先崛起的水果连锁已发展为全国布局，而以基本生鲜为主的连锁品牌通常具有区域性商超的背景，如安徽乐城的"生鲜传奇"、贵州合力的"惠民生鲜"、河南金好来的"厨鲜生"。区域背景奠定了其快速抢占区域市场的基础，目前尚未开启大规模全国拓展步伐。

（5）线上电商。电商自营线下社区店，生鲜电商赋能便利店。除了盒马鲜生、京东 7 Fresh、掌鱼生鲜等电商主导的生鲜新物种外，线下社区生鲜赛道上也不乏电商的身影：2013 年线上生鲜"康品汇"转型线下；2017年 10 月唯品会布局生鲜社区店"品骏生活"；2017 年 12 月，由绿城服务、鲜生活以及易果收购的北京便利店品牌"好邻居"推出生鲜社区店。

三、社区生鲜的主要特点

1. 社区生鲜三大特征

（1）门店小型化。62%的社区生鲜店的门店面积在 300 平方米以内。业内人士对于社区生鲜店的面积有一个共识：300 平方米是经营社区生鲜性价比最高的面积，面积小了无法容纳足够多的品项数；面积太大则利用率不足，300 平方米的面积刚刚好。

（2）生鲜占比逐步提升。多数社区生鲜品牌的生鲜销售占比超过了40%，其中 29%的社区生鲜品牌生鲜销售占比超过了 80%。这意味着，经营全品类生鲜、以生鲜品类为主的专业生鲜店越来越多。

（3）客单价低。由于社区生鲜品牌以解决消费者一日三餐为主要目的，它的经营面积与综合性卖场相比要小很多，这使它的客单价相对较低。数据显示，接近一半的社区生鲜店客单价为 20~30 元，社区生鲜平均客单价为 23 元。

2. 社区生鲜主要领域

（1）生鲜产品领域。发展净菜、半成品以巩固便捷性壁垒。预包装的净菜和半成品为消费者省去了烹饪前的食材准备工作，满足更便捷的生鲜需求，相较于大卖场而言更符合社区生鲜便捷性的定位，相较于基础生鲜也有更高的附加值。

美国半成品净菜外卖平台 Blue Apron 已于 2017 年 6 月实现 IPO，而国内半成品净菜市场现仍处于培育阶段，较突出的企业属"海底捞"旗下的蜀海供应链、背靠"望湘园"的净菜电商我厨。如盒马鲜生、7-11 等品牌也大力发展净菜产品。

随着中央厨房、冷链物流以及农产品加工技术的发展，解决中式菜肴烹饪痛点的净菜品类或大有可为，社区生鲜提前布局有助于巩固其便利性和差异化壁垒。

开发自有品牌以巩固低成本壁垒。过去几年自有品牌已经成为零售企业激烈竞争中胜出的法宝，强大的顾客黏性、较高的盈利空间也为零售企业带来竞争优势。

2017 年盒马鲜生推出了性价比较高的"日日鲜"蔬菜品牌，并和恒天然旗下安佳达成战略合作推出"日日鲜"牛奶，获得广泛关注。"厨鲜生"的自有品牌优势也较为突出，其"金好来"和"厨鲜生"两个品牌销售占比已经超过 10%。

在新零售和消费升级的大环境下，未来围绕自有品牌的竞争将更激烈，社区生鲜零售商或可以通过分析大数据针对周边目标客户开展针对性商品开发，巩固低成本壁垒。

（2）生鲜消费服务领域。高频生鲜造就社区流量入口，可谋其他变现途径。一旦生鲜消费习惯成功迁移，社区消费场景得以建立、巩固，社区生鲜店将成为重要的社区流量入口，甚至形成社区中心，聚客功能将越发凸显。流量在手，社区生鲜就有谋变现的更多潜在空间。

目前比较主流的方式是转租餐饮、熟食等食品相关业态，一方面与基础生鲜实现业态互补；另一方面分割转租消化缓解租金压力。生鲜传奇、厨鲜生、康品汇均采用此模式开辟了场外转租区域。未来行业或可以探索如社群化运营、社区商业服务等更多经营方式。

以盒马鲜生为例，其对社区用户"社群化运营"一直颇为成熟，致力于满足附近消费者文化、娱乐和社交需求。

盒马鲜生在上海引入了洗衣、美发、鲜花业态，2017 年累计进行超过 1200 场各类型线下活动，累计参与人数超过 3 万人，包括亲子 Party、美食课堂、亲子厨房、手工 DIY 等。盒马鲜生各门店也会组织多个用户群，邻里之间通过盒马鲜生有了更多互动，成为周边社区居民"聚合点"的盒马鲜生值得行业参考。

（3）与生鲜电商结合。社区生鲜和生鲜电商作为生鲜渠道变迁的两个新兴方向，虽然发展起点较为独立，但也出现一些融合的趋势。一方面，社区生鲜品牌积极试水线上渠道，百果园、生鲜传奇、康品汇等均自建应用 APP，钱大妈联手京东打造微商城，纷纷拓展线上销售；另一方面，高昂的配送成本和损耗一直是生鲜电商的"短板"。

早在 2016 年生鲜电商一米鲜就设有城市前置仓以快速流转降低损耗，每日优鲜也建立"城市分选中心+社区前置仓"的二级仓储体系，招募微仓合伙人承包社区 O2O 配送微仓，覆盖周边"半径三公里"范围内的即时配送上门服务，以缩短物流配送距离。

不难发现，社区生鲜业态深入社区的布局恰好能作为前置仓弥补了生鲜电商"最后一公里"的"短板"，线下社区生鲜业态拓展线上到家业务或者合作生鲜电商存在很大想象空间，类似于一个社区版的"盒马鲜生"。

一方面，线下门店能通过生鲜引流，以高水平的运营能力实现自身盈利；另一方面，线上业务能在建立品牌区域认知度的基础上触及更大范围的用户，突破线下社区生鲜销量的天花板，提高门店坪效，并能以更贴近社区的配送距离降低电商物流成本。反过来，到家服务满足了消费者"更便捷"的需求，又可进一步提高用户的品牌忠诚度和黏性。

无论是线下社区生鲜做生鲜电商，还是生鲜电商线下开社区生鲜店，或都将面临线上线下标准化、品类结构以及业务重构的困境。平衡好两个渠道的选品、业务模式不易。或许像盒马鲜生这样从一开始便定位于双线并发，以线上、线下结合模式设计业务流程的"新零售物种"能占尽"双线赛道"的先机。社区生鲜和生鲜电商结合的创新模式，未来尚待行业进一步求证和探索。

四、社区生鲜主要模式

1. 传统 O2O 模式

这是大部分社区生鲜采取的模式，除了永辉生活等少数社区生鲜品牌采用"第三方平台+小程序+自主开发"APP 来实现这一功能之外，大部分社区生鲜品牌选择借助第三方平台来开展到家服务。业内常见的第三方平台（工具）有京东到家、美团、饿了么、有赞、多点 Dmall 等。

与全品类社区生鲜店相比，由于商品特性和标准化程度较高，一些水果专业连锁店在线销售要高于平均水平，其线上运营能力也较高。

以百果园为例，京东到家数据显示，截至 2019 年 8 月 15 日，百果园已有 2000 多家门店上线京东到家平台，2019 年第一季度，其在京东到家的销售额比 2016 年第一季度增长了 339%。

2. 社区拼团模式

在社区生鲜到家业务实施过程中，从门店到消费者手中的"最后一公里"往往造成了巨大的履约成本。企业物流模型不同，订单量不同，它的屡单成本也不尽一致。

由于社区生鲜本身定位为"小区门口的菜市场"，消费者对到家服务的渴求远远不及一些大卖场或者纯电商平台。因此，社区生鲜延伸了一种网上下单、门店取货的 O2O 模型，特别是在拼团玩法比较流行的当前，这种到店提货还跟拼团结合在一起，通过"拼团""秒杀"活动来带动门店客流和销售。

3. 前置仓模式

所谓前置仓，就是以仓为店，将仓库建立在社区"周边三公里"的范围内，商品由骑手从仓库配送至消费者指定地点。与传统电商相比，前置仓模式由于距离消费者更近，它有更快的响应速度和更高的配送效率。

从商业模型分析，只要商品毛利额大于履单成本，便可以跑通模式。

但目前的问题在于，多数前置仓依然处于靠促销吸引用户、培养消费者习惯阶段，这使其毛利率远远低于实体零售店，从而整体处于亏损状态。

4. 社区分销模式

所谓 S2B2B2C 模式，第一个 B 是指零售门店，第二个 B 是社区内的"合伙人"（社区中的近邻者、意见领袖）。社区分销模式是社区团购模式的进化版。根据实体零售数字化转型服务商闪电购的分析，社区分销模式在兼具社区团购的优势下，能够给企业带来更为实际的销售和毛利的快速增长之外，还有人群定位更加精细化、充分借用市场资源、完善社群的内部运营体系等优势。

五、社区生鲜对生鲜产业链的主要影响

1. 社区生鲜对生鲜产业链的产前影响

社区生鲜方式与农贸市场为主体阶段的经营方式不同。在产前环节，传统的农产品零售商要么自己是农产品生产者，要么是坐等生产者向自己提供农产品进行市场销售。在超市经营方式下，销售者转被动为主动，主动去寻找符合自身需求和市场需求的农产品进行销售。在这一理念影响下，一些农产品超市或者自己租赁耕地进行农产品生产，把握农产品的整体生产环节，保证了产品的质量和安全性，或者寻求与农产品生产企业的合作，通过签订相应合同，约定农产品的生产安全准则和生产期限，在保证农产品供应量的同时，还确保了产品的安全性。这样一来，生鲜产业链中的产前环节就更具前瞻性和主动性。

2. 社区生鲜对生鲜产业链的产中影响

在生产经营过程中，社区生鲜还推动了产品标准化的发展。在集约化的社区生鲜体系中，产品质量中的多个指标均需符合国家相应的标准，无论是鲜度指标还是感官指标、食用安全指标等均有明确的量化标准。尤其对于大型连锁超市来说，相应的标准执行更加严格和具体。这就使农产品的生产过程必然更加标准化，在大气环境和水资源、土壤成分、农药使用等方面均遵守相关部门的量化要求，使生产标准化且规模化持续推进。

3. 社区生鲜对生鲜产业链的产后影响

社区生鲜还使得生鲜产业链的产后环节受到相应影响。产后环节除农产品的加工外，还包括储藏、运输等。缺乏规范的农贸市场在产品加工方面多为粗加工，缺乏级次的判别标准，超市则依据级次给予不同产品以匹配的市场定价。在贮藏和运输方面，为满足消费者对农产品新鲜度和时令性的需求，往往增加了更多的技术支持，使农产品在时空上的限制缩小，推动了运输业的迅猛发展。

4. 社区生鲜对生鲜产业链的流通影响

生鲜产业链中的流通环节在社区生鲜方式的影响下更具规模性和规范性。现代化的销售方式决定了农产品的检验检疫和清洗保存更具规范性，大型城市的农产品配送已经形成了体系化机制，农产品配送中心、配送物流中心和匹配的送检体系相互之间配合默契，使农产品的整体流通效率更高、效果更佳。

5. 社区生鲜对生鲜产业链的消费影响

农产品的消费不再是传统的以量取胜，以价为美，超市经营模式下为满足现代农产品消费者的多样化、个性化需求，以产品质量作为基础，在产品的品牌、安全性和美观度等方面全面提升来促进消费机制越来越成熟。农产品的质量不仅仅停留在产品本身，还与农产品的连锁超市、连锁企业相关联，整体形象和产品质量捆绑在一起，在消费者的消费行为影响上有了巨大的提升。随着消费者需求的愈加多元化、严格化，社区生鲜也必将做出更多调整和升级，也就进一步影响着生鲜产业链中的消费行为。①

第二节　国内主要社区生鲜超市及比较

近几年来，虽然我国零售业普遍增长缓慢，很多零售企业出现倒闭浪

---

① 颜怀国. 社区生鲜对生鲜产业链的影响分析 [J]. 经济研究导刊, 2018 (29): 22-23.

潮，但是生鲜经营的发展非常迅猛，线上线下都鼓足劲拼命投资、改革、创新，许多创新模式百花齐放，生鲜已成为零售业尤其是超市的经营核心和创新中心。但是，生鲜始终是零售企业经营中最困难的部分，投入大、毛利低、损耗高、管理难依然是目前国内生鲜经营普遍存在的问题。因此，未来相当长时期内，生鲜食品零售领域，仍然将是激烈竞争的战场之一，因为，谁能在竞争中生存下来，并获得发展，就是胜利的关键。

一、广州钱大妈：人人都知道它"不卖隔夜肉"

"钱大妈"是广州市钱大妈农产品有限公司旗下连锁品牌，公司专营生鲜肉菜市场，以满足消费者对食材产品的新鲜健康需求为核心，全面颠覆了传统农产品流通与销售模式，与国内多家现代化农业规模种植企业结成战略合作伙伴关系，依托严格的国际标准品质控制体系、专业的现代物流配送系统、行业创新的商业模式和市场运营基础，近年来受到大量消费者的欢迎。

1. 打通农产品高品质供应链条

传统农产品流通中依靠产地、批发、销地批发市场、分销商再到终端用户，存在链路不畅通，需求不确定、品质难以保障、运输存储损耗率高的特点。

"钱大妈"全面颠覆了传统农产品流通与销售模式，与国内多家现代化农业规模种植企业结成战略合作伙伴关系，打通了农产品从产地到餐桌的各个关键节点。这些努力为自身的品质管控以及未来连锁经营铺开奠定了坚实的基石，也使居民能放心地吃到来源有保障、运输无污染、品质稳定的食材。

2. 首推社区加盟制

社区加盟制是"钱大妈"迅速扩张的一大法宝。

基于完整、高效的供应链基础，一个个加盟店得以在珠三角地区快速铺开。"钱大妈"具备多年实战操作经验的专业策划顾问团队，为加盟店提供营销、人员、财务及货物等多方面管理的指导帮助。系统的管理制度、优秀的管理团队、健全的管理机构，为加盟商提供强大的内部支持。

社区加盟制，一方面调动了社会资源，形成生鲜零售的规模效应；另一方面，"钱大妈"健全高效的管理，又杜绝了不规范的情况发生。"钱大妈"的社区加盟模式，展现出巨大的活力。

3. 用阳光下的手段确保品质

"钱大妈"商标旁紧挨的一行字是："不卖隔夜肉"。相比于其他品牌的主打广告语，这句话未免显得过于朴实了些。

这句看似简单的品牌语代表着"钱大妈"的核心理念。肉类没有随身携带的保质期，消费者只能被动地接收商家给的信息。对于一些当天卖不完的肉类，一些店铺通常做法是将其冷藏起来，第二天又接着卖。消费者根本无从知晓肉类是否是当天生产的。

为了将品牌承诺落到实处，"钱大妈"一方面加强管理，对每家店做到精确供货；另一方面，店面每天 19：00 开始打折，每隔半个小时再打低一折，直至免费派送。用这样的对内严厉、对外受监督的举措，"钱大妈"一举夺得了市场的信任。由此，"钱大妈""不卖隔夜肉"的品牌，打得更响了。

"钱大妈"，从整合供应链出发，通过社区加盟的办法，开启了扩张的步伐，其中展现的先进管理，与对品质的严格把关与执行，无疑解答了其连锁道路走得通的原因。

二、广州壹号土猪：自称"狠土狠香狠安全"

广东天地食品有限公司以"壹号土猪"为主导品牌，集育种研发、养殖生产、鲜肉销售于一体，实行"公司+基地+专业户+直营店"的联合经营模式。在基地培育出壹号土猪种苗，由农户在公司的无公害农产品产地进行放养。产地均为环境优美、空气清新、无工业污染的果园以及山坡地。农户采用传统的喂养方式，分阶段饲养，用番薯苗、玉米、米糠、麦皮等土饲料喂养。壹号土猪活动空间大，其运动能量消耗大，生长速度较缓慢，出栏时间在一年左右，真正采用了"三土"养殖。产地有严格的卫生消毒防疫制度，种苗、饲料、兽药均由公司提供，在饲养过程中的每一生长阶段，公司都安排专业的兽医、营养师、保育员在现场进行监督和指导，确保饲养出来的壹号土猪无农残、药残、激素残留等，以确保为壹号土猪热鲜肉提供质量可靠的原材料。此外，壹号土猪养殖过程产生的污水、污物全部由公司进行无害化处理，变废为肥，返还于田，保持和维护了生态环境平衡。壹号土猪养殖以创造社会效益为宗旨，在追求经济效益的同时，也顾及了生态效益。

1. 瞄准差异化

在中国，猪肉行业是一个传统行业，市场空间大，中国每年的猪肉消费约 500 亿千克，按每千克 20 元算，年销售额上万亿元。但与其他行业相比，猪肉这个行业一直没有得到很好的整合，基本上没有形成像样的产业化，竞争不强，档次不高，机会很多。在这样的背景下，率先推出绿色环保猪肉"壹号土猪"，经营差异化品牌猪肉。把猪肉消费群细分，把产品定位于中产阶层，通过差异化道路，迅速占领了中高端市场。

2. 用产品改造猪肉市场

壹号土猪最引人注目的是它的价格，"瘦肉 33.8 元、排骨 38 元、五花肉 21.8 元"比普通猪肉档口贵出了一半不止，但每天依然有人排起长队购买。由于壹号土猪卖价高，便具备了良好的品牌形象，随着壹号土猪品牌在广州异军突起，一时间，选用土猪种、采用土方法、用土饲料养殖的土猪，打破了瘦肉型猪一统天下的格局。

三、上海盒马鲜生：线上线下全体验

盒马鲜生是以"生鲜电商"为切入口，通过 APP 和线下门店覆盖生鲜食品和餐饮服务的一体化商业模式，属于阿里巴巴投资合作项目。2016 年 1 月，首家盒马鲜生会员体验店在上海开业，半年以后，它就筹划在上海开 10 家店并进军北京市场。

1. 只接受支付宝付款

与其他生鲜商超不同的是，盒马鲜生不接受现金付款，只接受支付宝付款。消费者到店消费时，服务员首先会指导消费者安装"盒马鲜生"的

APP，然后再注册成为其会员，最后再通过 APP 或者支付宝完成付款。

支付宝统一付款将创造两方面价值。一方面，运营方通过支付宝可以完全掌控线下端消费数据。因为过去通过现金购买，零售商对线下消费数据、动向是难以掌握的，而支付宝付款可以形成大数据、广告、营销价值，以填补 O2O 成本。另一方面，支付宝支付可以让每位到店消费者将盒马鲜生 APP 下载到手机里，并成为其会员，这种方式不仅可以增强消费过程的流畅性，更重要的是能够增加与用户的黏性，打造 O2O 闭环，而这种用户黏性是传统的生鲜电商线下体验店所比不了的。

2. 产品品类丰富

（1）品类丰富。在面积 4500 平方米的门店里，盒马鲜生售卖的产品分为肉类、水产、水果素材、南北干货、米面油粮、烘焙、熟食、烧烤以及日式料理等，分区明细，指引清晰，方便顾客挑选。此外，为配合精品超市的定位，店内还设有百货、鲜花等商品区，基本满足人们的生活需求。

（2）优质货源。盒马鲜生售卖的商品来自 103 个国家，超过 3000 种商品，其中 80% 是食品，20% 是生鲜产品，后者未来可能发展到 30%。特别是海鲜区，有来自世界各地的鲜活海鲜，如俄罗斯红毛蟹、波士顿龙虾等。此外，依托金桥的便利位置和保税区的便利条件，这里的商品价格比一般超市便宜 5%~20%，并且还能保证 5 公里之内半个小时内送达。

3. 高效的物流配送

（1）配送标准化。首先，盒马鲜生使用统一的保温、保湿袋对货物进行包装，以此保证生鲜在户外配送时不会因户外天气环境而产生商品外观变化。其次，该店拥有一套自动化运货设备，在店内设置了 300 多平方米的合流区，从前端体验店到后库的装箱，都是由物流带来传送。所以在门店，消费者头顶就是飞来飞去的快递包裹，下方则是琳琅满目的食品，设置十分新颖。

如果是到店的消费者，选完货就可以直接通过物流输送带送到收银台；如果是通过 APP 下单，门店在收到订单后，店内各个商品品类部门，就会直接把货架上标准化、独立包装的商品，装进保温袋，再挂至运输系统，自动运至配送人员，时间周期不到一分钟。与此同时，也在一分钟左右，店员会从库房提取商品补充至货架之上。

（2）配送高效率。首先，盒马鲜生宣称五公里内半小时送达。无论是在门店购买，还是在 APP 线上下单，均能保证"五公里范围，半小时送达"，这种配送效率不仅能保证生鲜产品的新鲜度，还能满足用户的即时性消费需求，并且盒马鲜生采用的是自建物流，据称第一家线下店是有七八十位自营配送员。其次，实现了智能拼单。盒马鲜生能将线上线下数据充分打通，消费者既可以单独线上、线下消费，也可以实现线上线下智能拼单。例如，你在店铺购买完成后，在回家的路上突然觉得不够，这时可以立刻打开手机中的盒马鲜生 APP，实现加单，系统会自动把两个单拼接在一起，然后一起配送。

4. 优质的客户体验

（1）购物环境舒适。盒马鲜生的店铺设计比较现代化，整洁透亮大气，以大理石铺地，黑色货架，大玻璃框的商品呈现，而且店内干净整洁，比如在活鱼存放池附近，从来没有水渍。

（2）将餐厅纳入超市卖场。盒马鲜生与传统商超一个很大的区别就是把餐厅体验业态纳入实体店，这让消费者有了更多逛店理由，也让店内生鲜产品有了更多销售出口。据了解，盒马鲜生的牛排、海鲜以及熟食餐厅区占地 200 平方米左右，里面设置了五张四方桌子，深受消费者欢迎。此外，用户在店内选购了海鲜等食材之后还可以现场制作，门店会提供厨房给消费者使用。

四、永辉超市：京东集团入股，以主打生鲜闻名

近几年，永辉挟着它的生鲜经营绝技四处出击，短短几年就打遍了大江南北，引起零售界一阵惊呼。众多的零售企业似乎也看到了生的希望，都想从永辉的经营中得到些启示，捞根救命稻草来摆脱困境。毫无疑问，永辉超市已经成为行业的标杆，而它的绝招，就在于生鲜经营。2012 年 5月 7 日央视市场研究股份有限公司（CTR）公布的中国连锁百强，永辉成为成长最快的零售企业。截至 2016 年 6 月，永辉超市店面总量为 580 家，

较 2015 年同比增长 21%。据 2016 年永辉超市上半年财报显示，公司上半年实现营业收入 245.18 亿元，同比增长 17.68%，其中生鲜 108.21 亿元，同比增长 20.09%，快于整体收入增长，上半年生鲜毛利率 13.25%，同比上年同期增长了将近 0.5 个百分点。

永辉的生鲜经营，打破了很多所谓的专业人士的一贯看法：经营生鲜的主要目的是吸引来客，是不赚钱的。但永辉的一些数字颠覆了这一理念：永辉 2015 年生鲜占比为总销售的 40% 以上，永辉生鲜的毛利在 10% 以上，永辉生鲜产品的价格平均比农贸市场便宜 10% 等。

1. 以顾客为导向

永辉对顾客的消费习惯和消费心理是做过研究的，真正站在了顾客的角度来经营自己的生意。对于零售企业来讲，顾客就是一切，没有客流，一切都是浮云。虽然每个零售企业都认为自己很把顾客当回事，但往往只是停留在口头上或宣传上。在竞争激烈的今天，重视顾客的唯一检验标准就是客流的变化，而永辉生鲜的客流一直上升。

永辉生鲜免费为顾客杀鱼，在楼面设有洗手池，停车场免费，海报简洁清晰、方便查寻，免费班车等。其实，这些小窍门大家都懂的，表面功夫都会做，但能真正分析出顾客的需求，通过满足顾客需求来经营生意，永辉无疑做到了这一点并将之转化成了生产力。

2. 团队的专业性

永辉的总部有一个生鲜管理部专家云集，其任务有二：一是研究生鲜的经营方法；二是为门店提供生鲜经营方面的指引。管理部的人都是生鲜方面的好手，多数都是从基层做起来的，没有高深的理论知识，不怎么会制作精美的 PPT，他们所做的大部分工作叫作"固化传承"，意思是将自己在生鲜方面的知识和经验固化下来，然后手把手地教给门店的同事。

竞争对手和市场信息了如指掌。高级管理人员每天早上上班时，其办公桌上就有了一份详细的生鲜数据方面的分析报告，价格、品类、销量、各种分析和预测等，这为管理人员及时对形势做出判断和迅速做出决策提供了重要依据。

3. 品项齐全，薄利多销，以量取胜

永辉努力打造高端的"农贸市场"，希望顾客在永辉超市可以买到所有可以在农贸市场买到的生鲜产品，而且价格和品质更优于农贸市场。

参观永辉超市，看到的商品品种其实远比农贸市场更丰富。有机果菜、精品果菜、普通果菜应有尽有，除满足顾客对品种的需求外，也照顾到不同消费层次顾客的需求。

永辉强调，一定要将商品在最有价值的时候卖掉。也就是说，要卖相好，出货快，这样可以减少损耗的发生，哪怕以很低的价格来销售。很多零售商，为了保毛利，总舍不得将卖相不好的商品降价销售，但随着时间的推移，商品的卖相更差，越来越不好销售，最终只能出清或丢弃，反而损失了销售、增加了商损。

4. 全天候经营

不管任何时间去永辉，看到的生鲜品质都是一样的，品种都是齐全的，这就是永辉的全天候经营标准。对比其他的零售商，早上开门时，品种全、品相好，但过了中午，就啥都不行了，牺牲了其他时间段有购买需求的顾客。有的超市，也会根据来客的高峰，分成几个时间段来上货，称之为二次开市，或三次开市，而永辉，是全天开市。

这得益于永辉灵活的采购方式，即少量多次，随行就市，灵活多变。这种全天候经营的做法保证了门店随时有货，顾客不必担心错过了某个时间段而不能买到生鲜商品，使客人的满意度增加，购物时只想到永辉，提高了来客数量。

5. 价格策略灵活，充分授权

永辉门店的生鲜经理每天5点开始市场调查，根据市场和竞争对手的价格情况及时调整售价，做到变价迅速，打击准确，这与其鲜食经理被充分授权有关，他们可以随时变价。

可以说，永辉引领生鲜主流市场的关键在于吸引客流到店，只要有客人到店，一切就好办多了。为给顾客留下天天低价的形象，节假日时，商品的价格是最低的，因为这时客流量大，低价无疑会有更大的销量，同时也给顾客留下了低价的形象。但是，永辉并非所有的商品都是最低价，而在于其掌握了顾客的心理，通过包装来达到"永辉价格低"的印象。

五、安徽生鲜传奇：被争相模仿的传奇

安徽乐城超市把自己家的生鲜单独拎了出来，开了家门店，叫生鲜传奇。国内现在有 100 多家超市在模仿生鲜传奇这样的业态，大家认为这样的业态是未来的趋势，甚至很多上市公司、大型企业也有要开上千家这种业态的想法。为什么大家都想尝试生鲜传奇这样的业态呢？其主要特点有以下几个方面：

1. 特别方便

去大卖场购买生鲜商品显然是很不方便，甚至到菜市场也未必很方便，如果这家超市就开在你家小区的门口，可能也就覆盖周边 500 米范围内的小区，这样按照正常人的步行速度，大约 10 分钟以内就可以从家里到达该超市购物，这种方便自然是大卖场、电商甚至超市都很难匹敌的。

2. 把价格做到极致

按照一般的购物体验，店的面积越小，往往价格越贵，比如同样的东西，便利店比标超贵，标超也比大卖场贵，但是如果微超这个 300 平方米上下的超市，它在坚持品质的前提下还能够把价格拉得跟大卖场一样的低的话，那么还有谁会拒绝去这里购物呢？可以说，这是乐城的生鲜传奇对行业规则的最大的颠覆——小门店也要实行超低价，把低价做到极致。

3. 舒适愉悦的购物体验

乐城的生鲜传奇打造出美轮美奂的购物场所，从购物体验对比上说，别说菜市场那种去了都不知该把脚伸到哪里的地方了，即便像一般的标超和大卖场，它的购物氛围也会比乐城的生鲜传奇差很多很多，在生鲜传奇这里能够收获的惊喜和快乐的购物体验，是在其他地方不可能体验到的。这是乐城对行业规则的第二大颠覆——以往只有精品超市才会做得这样"高大上"，但是乐城却在一个小小的门店内也低成本地实现了"高大上"。

六、五家代表性生鲜零售企业优劣势比较与启示

1. 国内五家著名生鲜零售企业比较

不同的生鲜零售企业，其产生的背景不同，各自都有自己的优势和特色，效果也不一样。表4-2对上述五家企业进行比较，从中发现各自的优势和特点，从而有利于制定相应的竞争策略。

表4-2　五家生鲜连锁零售企业比较

竞争对手	特点	优势	劣势
生鲜传奇	从安徽乐城超市拆分出来，立足生鲜及厨房周边产品，在几百平方米的小店里优选1200个单品	1. 方便 2. 把价格做到极致 3. 舒适愉悦的购物体验	1. 成本高 2. 价格低导致毛利少
钱大妈	与国内多家现代化农业规模种植企业结成战略合作伙伴关系，每晚7点开始打折，不卖隔夜肉	1. 打通农产品高品质供应链条 2. 首推社区加盟制 3. 用阳光下的手段确保品质	1. 成本高，难盈利 2. 资本小，难以扩张 3. 白天没人，打折期间顾客排队购买
壹号土猪	走高端，集育种研发、养殖生产、鲜肉销售于一体，实行"公司+基地+专业户+直营店"的联合经营模式	1. 高端差异化战略 2. 优良产品改造猪肉市场	1. 养殖土猪成本高，大概是白猪的两倍 2. 价格高阻挡了大部分客户 3. 出货量低，品质难控
盒马鲜生	以"生鲜电商"为切入口，通过APP和线下门店覆盖生鲜食品和餐饮服务的一体化商业模式	1. 线上线下全体验 2. 产品品类丰富 3. 高效的物流配送 4. 优质的客户体验	1. 对管理要求太高 2. 整体损耗太大 3. 摒弃现金、银行卡等所有其他支付方式
永辉超市	多业态，生鲜占比超过40%，近几年增长迅速	1. 以顾客为导向 2. 团队的专业性 3. 品项齐全，薄利多销，以量取胜 4. 全天候经营 5. 价格策略灵活，充分授权	1. 毛利低 2. 管理体系落后 3. 销量好的门店供不应求，销量差的门店损耗严重，两极分化

2. 启示

生鲜的小业态门店，比如乐城的生鲜传奇，上海的盒马鲜生，都不能成为复制的范本，不可能成为攻城略地的连锁模式，即使现在的单店产出高，也只能是发生在特定情况下的孤本。为什么呢？归根结底，生鲜商品的投资、生产、加工、物流、销售、服务等产业链条复杂又漫长，成本太高，虽然机会很多，但误区也很多，想获得成功必须要有庞大的资金、高效的团队和优质的产业链做支撑。

回归生鲜本质，就是生鲜产业链的深度整合，规模化的连锁经营店是生鲜产业链整合最大的推手，只要能够实现在生产、加工、流通、销售、服务一体化整合，以合理的价格与参与者通力合作，实现共赢，在巨大的市场潜力下，坚持往安全、品质、品牌的目标去做，就一定会获得成功。

第五章　生鲜电商及主要模式

　　生鲜电商在一定程度上取代了产业链中从农户到消费者中间的层层批发商：通过从批发市场采购、与供应商合作、产地直采或自建基地的方式取代了传统农产品流通的多级批发商模式，其中，产地直采或自建基地将供应链压缩到最短，即直接控制供应端的采购，利用网站平台实现向消费者销售，最后通过物流配送中心将产品送达消费者。对比传统的农贸市场渠道，生鲜经营模式能实现"众多农户—生鲜电商—众多消费者"的"从产地到餐桌"的直线模式。

第一节　生鲜电商模式分类概述

一、生鲜电商未来趋势

　　电商发展到今天，我们考虑到其社区化必然的趋势，本土化、O2O 也很重要，然后移动化、便捷是一个大的趋势，所有的生鲜农产品离不开这样一个主流的趋势。前面的模式讲的核心还是供应链，如果没有供应链为基础的创业带头人来驱动，所有的一切都是模式，不管政府怎么推动，关键还是要靠创业者来落地。

　　生鲜是电子商务中门槛最高、难度最大、要求最高的品类，因生鲜电商的便利性、迅速性、品类丰富新鲜、价格实惠等原因受到了广大消费者的青睐。因此，近几年生鲜电商发展十分迅速，巨大的市场规模、刚性需求和高消费频次等特性吸引了大量公司投身其中，但大多数生鲜电商赢利能力较弱，生存状况艰难。相对于其他品类，生鲜对于电商来说显然更"重"，对于供应链的要求更高。[①]

生鲜市场及生鲜电商发展主要体现在两个方面：一是私人定制盛行。C端用户打通，另外是海外直采，然后是基地整合，农产品品牌化。二是社交化品牌出现。未来的商业迈向社交电商是一个大的趋势；社交商业还要融合场景化的体验。未来的产品一定是全渠道的模式，全渠道背后，用户在哪儿，渠道就在哪儿。

二、生鲜电商模式主要类型

我国生鲜企业根据流量入口不同，可以简单分成线上运营模式、线下社区模式和线上线下新零售模式。进一步地讲，根据企业的运营模式、配送方式和发展品类等不同，又可以细分成七类模式：综合平台型（京东生鲜）、垂直电商型（本来生活、易果生鲜）、农场直销型（多利、鲜易网）、生鲜O2O型（每日优鲜、沱沱工社）、社区便利店（钱大妈）、社区拼团（食享会）和"超市+餐饮"（盒马鲜生）。也有学者粗放地将其分为平台型、垂直型、拓展型和地方型。本章采用较为细分的方式，以便读者能够更细致地体会到不同类型的生鲜电商平台的异同及不同模式的优劣势（见表5-1）。

---

① 汪义军，卢友东. 生鲜电商供应链协同管理策略研究 [J]. 经济研究导刊，2018 (29)：72-74.

表 5-1 生鲜企业主要商业模式情况

商业模式分类		特点	物流配送	盈利模式	代表性企业
线上运营模式	综合平台型	提供平台吸引生鲜食品厂家进驻，依靠平台争市场	只负责监管，由进驻的生鲜厂家自行配送	平台进驻费	天猫、淘宝、京东生鲜
	垂直电商型	专注于食品及生鲜食品领域，自行配送，具有区域性特征，买的是生活品质	自营生鲜配送服务+第三方物流	采购与销售价差	本来生活、优菜网、易果生鲜、顺丰优选等
	农场直销型	所售食品由公司农场/基地种植	第三方物流	成本与售价差价	多利农庄、一亩田、鲜易网等
	生鲜 O2O 型	分布在用户周边，1~2 小时送达	第三方物流	采购与销售价差	天天果园、爱鲜蜂、一米鲜、京东到家、每日优鲜等
线下社区模式	社区便利店	轻资产、无仓储、无物流	众包—雇佣兼职人员（多点）或全职；公司自己组建物流团队进行配送	超级饭店+服务费	钱大妈、百果园、永辉超市、家家悦等
	社区拼团	线上推送，线下获流；以销定产；用户自提/送货上门	平台集中配送；团长负责"最后一公里"	成本与售价差价	食享会、考拉精选、每人一淘、十荟团等
线上、线下新零售		"线上+线下"，门店集合了展示、餐饮、仓储等功能	通过门店自动化物流设备保证门店分拣效率	"餐饮+采购"与销售价差	盒马鲜生、超级物种等

资料来源：前瞻产业研究院：《2018 年生鲜行业研究报告》，2018 年。

第二节　生鲜电商的主要模式分析

一、综合平台型生鲜电商模式

综合平台型电商主要是吸引商家入驻，为商家提供一个可靠的平台，将供应商与客户联系起来，本身平台是没有任何产品的。目前主要的综合平台型生鲜电商可分为 B2B 和 B2C 两派，包括天猫和淘宝、京东生鲜、沃尔玛生鲜、1 号店生鲜、苏宁云商（苏宁易购）等。

天猫和淘宝都是阿里巴巴集团旗下网络购物平台。淘宝起源于中小企业，而天猫算是淘宝的继承者，在选择合作商方面有更高的要求，是淘宝网打造的 B2C（Business-to-Consumer，商业零售）。天猫整合数千家品牌商、生产商，为商家和消费者之间提供"一站式"解决方案，并且在多年的"双十一"全球狂欢节中，天猫表现都很优秀。遗憾的一点是，淘宝假货横行，天猫也不例外。2018 年 3 月北京市消费者协会官网显示，北京市消协 2017 年在天猫商城购买 160 种比较试验样品，其中有 68 种不达标，不达标率为 42.5%。

京东是中国的综合网络零售商，是中国电子商务领域受消费者欢迎和具有影响力的电子商务网站之一，在线销售家电、数码通信、电脑、家居百货、服装服饰、母婴、图书、食品、在线旅游等 12 大类数万个品牌拥有百万种优质商品。京东已经建立华北、华东、华南、西南、华中、东北六大物流中心，同时在全国超过 360 座城市建立核心城市配送站。京东生鲜从 2016 年开始发力，由前京东发家的 3C 负责人王笑松来负责，入口、流量都给足，可见京东对生鲜的重视，所以，京东生鲜是集京东平台之力来打造一个和天猫超市生鲜区差不多的垂直生鲜。

沃尔玛是一家美国的世界性连锁企业，沃尔玛主要涉足零售业，是世界上雇员最多的企业，连续 4 年在美国《财富》杂志世界 500 强企业中居首位。沃尔玛公司有 8500 家门店，分布于全球 15 个国家。沃尔玛在美国 50 个州和波多黎各运营。沃尔玛主要有沃尔玛购物广场、山姆会员店、沃尔玛商店、沃尔玛社区店四种营业方式。2018 年 4 月，沃尔玛宣布联合京东到家，以及泰森、伊利、都乐、圣农、蓝雪、佳农、金龙鱼七大生鲜商品供应商，携手打造"生鲜联盟"。该联盟从品质入手，强化三大承诺：线上商品均来自实体门店、食品安全和 14 天包退，预计未来有更多供应商将加入联盟。

二、垂直型生鲜电商模式

垂直电子商务是指在某一个行业或细分市场深化运营的电子商务模式。垂直电子商务网站旗下商品都是同一类型的产品。这类网站多为从事同种产品的 B2C 或者 B2B 业务，其业务都是针对同类产品的。

垂直电商的优势在于专注和专业，能够提供更加符合特定人群的消费产品，满足某一领域用户的特定习惯，因此能够更容易取得用户信任，从而加深产品的印象和口碑传播，形成品牌和独特的品牌价值，这也是小资本创业企业的必经之路。

垂直电商的劣势：由于过于专注，许多的垂直生鲜电商很难做大做强。①对于垂直电商来说，其在前端供应商方面并没有前期的积累，这就导致垂直电商在供应链上很容易出现问题。尤其是一些刚创业的垂直电商，由于实力比较弱小，也就没有食品供应商愿意与其合作。②生鲜电商对于物流配送来说，要求十分高。如果采用物流外包，商品损耗的可能性会比较高，而如果采用员工配送，这就需要大量的人力，并且在一定程度上限制了公司的扩张速度。③由于缺乏品牌知名度，前期要获取用户的信赖并到平台上直接消费购买生鲜产品的难度非常大、成本非常高。④食品冷仓储也是垂直电商的一大劣势。规模庞大的冷仓储需要投入大量的资金，这对于实力并不雄厚的垂直电商来说自然也是困难重重。

垂直电商竞争激烈。2015 年的九大垂直生鲜电商包括：我买网、顺丰优选、沱沱工社、飞牛网、本来生活网、天天果园、易果网、莆田网和美味七七。这九家中，美味七七已经倒闭，沱沱工社放弃扩张深耕有机市场，莆田网拓展华人市场未能成功。到 2016 年形成了新的垂直电商第一梯队：我买网、本来生活网、顺丰优选、每日优鲜、拼好货（后与拼多多合并）、都市菜园、天天果园和易果网。

全品类的垂直电商越来越集中，呈现"马太效应"①。做全品类生鲜电商，如果挤不进第一梯队将很难生存，这也跟流量入口、消费人群和产品的变化有关。

以易果生鲜为例。易果生鲜成立于 2005 年，是中国第一家生鲜电商，其发展历程如表 5-2 所示。目前，企业主要运营高端生鲜网购平台易果网及天猫超市"每日鲜"，以线上业务为主，旗下有"易果""原膳""乐醇""锦色"四个品牌，包含 4000 多个 SKU（Stock Keeping Unit，即库存量单位），覆盖达 367 个城市。

表 5-2　易果生鲜发展历程

时间点	事件
2005 年 10 月	易果生鲜在上海创立
2008~2013 年	发展为全品类生鲜电商平台；市场从上海扩展至北京
2013 年 8 月	阿里巴巴 A 轮投资数千万元，并在生鲜方面达成战略合作
2014 年 3 月	完成 B 轮融资数千万元投资阿里巴巴云锋基金投资
2015 年 11 月	安鲜达从易果生鲜剥离，独立运营，面向行业开放，加速冷链物流市场发展
2016 年	3 月，完成 C 轮 2.6 亿美元融资；11 月，获得苏宁、高盛等联合投资 5 亿美元，成立易果供应链公司
2017 年 8 月	获得天猫 D 轮 3 亿美元融资，主要用于安鲜达冷链物流基础设施建设

资料来源：笔者自行整理。

---

① "马太效应"（Matthew Effect），指强者愈强、弱者愈弱的现象，广泛应用于社会心理学、教育、金融以及科学领域。"马太效应"，是社会学家和经济学家常用的术语，反映的社会现象是两极分化，富的更富，穷的更穷。

2016 年，花了 11 年做到 3600 个 SKU 的易果生鲜发布了"联营模式"，意在从垂直自营电商转向开放平台、加快发展速度。2018 年阿里巴巴集团宣布，阿里生态生鲜业务将围绕新零售战略进行升级调整，易果生鲜与盒马鲜生深化合作，以进一步打通线上线下，加速建设和升级生鲜供应链体系，推进阿里生鲜全链能力。双方合作开展后，易果生鲜集团将进一步强化数字驱动的生鲜全产业链协作平台的定位，发挥供应链、冷链物流和新零售赋能的全链路优势，专注为包括盒马鲜生、大润发、猫超生鲜、饿了么在内的阿里生态内新零售、新餐饮进行赋能。盒马鲜生则将为更多消费者提供线上线下一体化的优质生鲜产品和服务，除了继续在全国范围拓店，还将同时负责猫超生鲜的运营。

此外，易果生鲜旗下云象供应链、安鲜达和新零售业务在阿里生鲜业务矩阵中担当重任。云象供应链将作为阿里巴巴大进口全球生鲜集采平台和国内生鲜资源组织者，协同阿里生态生鲜板块；安鲜达将发挥菜鸟冷链的角色，为阿里生鲜生态提供全链路、可追溯、全场景、"一站式"冷链物流服务。随着"盒区房"的逐步落地，更多的消费者群体将享受到新零售的便捷服务。

安鲜达、云象供应链以及易果新零售已经是易果生鲜的三大业务，其中前面两大业务分别主攻冷链物流和供应链管理两大部分。由于安鲜达的物流网络分成三层：产地仓—区域配送中心—末端配送站点，目前，安鲜达已有 7 个大型配送中心，而仅上海一城也有 40 个站点（平均每个 75 平方米，会根据运营情况而调整位置、数量），易果已经在 15 个城市选择了自建配送队伍。

尽管安鲜达的冷链仓配能力在全国处于领先地位，但其冷链仓配成本仍处于较高水平。根据易果生鲜提供的数据，公司物流履约成本约超20%，成为致使易果亏损的主要原因。2013 年起，易果生鲜开始了由传统 B2C 电商向 B2B 模式延伸。

三、农场直销型模式

农场直销模式的代表有多利农庄、沱沱工社，依托自己的农场打造生鲜电商，他们也有着自己的过人之处。

第一个优势也是最大的优势，因为是自己的农场，所以在食品安全问题上他们有绝对的信心，而且生态果蔬也是消费者最喜欢也最愿意购买的。

第二个优势则是他们在供应链上的优势，由于是自产自销，所以他们完全不用担心产品的供应会突然出现问题。

第三个优势则是在近距离上的优势。由于都是刚采摘的新鲜果蔬，近距离配送的话对于农场直销来说能够保证果蔬的新鲜度。

既然近距离是优势，那么远距离配送自然就成为农场直销模式的劣势。因为对于农场直销平台来说，由于农场的距离比较偏远，快递上门取货送货都是一个比较麻烦和耗费时间的过程。再者，农场直销平台由于是自产自销，在产品的广度上自然也就无法满足具有多样化需求的用户。

此外，农场直销平台也需要承担一定的风险。自产的果蔬有可能会因为季节、雨水、技术等原因会导致收成不好，这就会在一定程度上影响自己的供货量。

以多利农庄为例，多利农庄成立于 2005 年，是中国最大的专业从事有机蔬菜种植和销售的企业之一，致力于打造中国都市有机农业第一品牌，拥有全国 11 大有机蔬菜种植基地，自有种植面积 1 万多亩，合作耕种面积 2 万多亩，有机种植总面积达 3 万多亩，形成了果蔬生产、禽畜养殖、食材加工、有机餐饮、家庭宅配、农业旅游等多元化产业格局。九大农业基地分别分布在四川、海南、上海、陕西、山东等省市，向消费者提供最安全、天然、健康的有机蔬菜，倡导低碳、绿色、环保的生活理念。其发展历程如表 5-3 所示。

表 5-3　多利农庄发展历程

时间点	事件
2005 年	多利农庄在上海成立
2011 年	完成第二轮融资
2014 年	农业有机生活商城上线
2015 年	中国平安战略投资多利农庄

续表

时间点	事件
2016 年	平安好生活方式项目启动
2018 年	协信入主多利农庄拟设 100 亿元农业基金

多利农庄的业务模式为分拣配送一体化服务。多利农庄采用先进的"从田间到餐桌"直供会员的服务模式，从土壤的改良培育、有机肥研制、有机植保、产品现代化包装、全程冷链配送等各个环节均有严格的管理和把控。客户在多利商城提交自提订单后，待订单出货时会收到多利商城的短信或邮件通知后宅配到家或指定自提柜。目前正在利用先进的物联网技术实现"生产自动化和可视化，质量保障、仓储保鲜和物流信息化"，为企业规模和集约化发展提供基本条件。

四、生鲜 O2O 模式

O2O 即 Online to Offline（从线上到线下），是指将线下的商务机会与互联网结合，让互联网成为线下交易的平台，这个概念最早来源于美国。O2O 的概念非常广泛，既可涉及线上，又可涉及线下，可以通称为 O2O。主流商业管理课程均对 O2O 这种新型的商业模式有所介绍及关注。

当前生鲜 O2O 平台企业一般存在以下几种生鲜 O2O 模式：①以加工企业为核心，如厨易时代等；②以物流企业为核心，如顺丰优选 O2O 等；③以运营服务商为核心，如爱鲜蜂、每日优鲜等；④以零售企业为核心，如永辉超市 O2O 等。

生鲜 O2O 模式的主要代表为每日优鲜。每日优鲜成立于 2014 年，是一个围绕着老百姓餐桌的生鲜 O2O 电商平台，覆盖了水果蔬菜、海鲜肉禽、牛奶零食等全品类。其发展历程如表 5-4 所示。

表 5-4　每日优鲜发展历程

时间点	融资轮次	融资额	投资方
2014 年 12 月	种子轮	500 万美元	光信资本

续表

时间点	融资轮次	融资额	投资方
2015 年 5 月	A 轮	1000 万美元	光信资本、腾讯
2015 年 11 月	B 轮	2 亿元	腾讯、浙商创投
2016 年 4 月	B+轮	2.3 元	远翼投资、华创资本
2017 年 1 月	C 轮	1 亿美元	联想集团、浙商创投、腾讯等
2017 年 3 月	C+轮	2.3 亿元	Tiger "老虎" 基金、元生资本领投
2017 年 12 月	D 轮	未透露	——
2018 年 9 月	战略投资	4.5 亿美元	高深集团

资料来源：笔者自行整理。

每日优鲜在大中型城市建立起 "城市分选中心+社区配送中心" 的极速达冷链物流系统，给消费者提供生鲜产品 "2 小时送货上门" 的极速冷链配送服务，是当前生鲜企业中少数实现盈利的企业，其成功经验有以下几方面：

（1） "全品类" 选品策略。品类战略是从消费者的认知出发，寻找品类分化的机会，借助消费者心智运作规律，抢先占据心智资源，从而形成市场上的强势品牌。每日优鲜的商品结构是品类较全（缺乏鲜活、冰鲜商品、半成品和成品等加工商品），每个品类下商品少，经营水果蔬菜、肉蛋水产、速食饮品和零食乳品，SKU 为 200~600。由于采购单品的数量较大，拥有更强的议价能力，从而降低采购成本。

（2）前置仓打造护城河。每日优鲜是前置仓模式，在全国有几百个前置仓，每天区域中心仓向前置仓补货，每日优鲜 APP 看到的是某个前置仓的商品，每个前置仓只配送附近区域，10 元运费，满 39 元免运费，2 小时内送达。每日优鲜拥有 2000 个社区配送中心，覆盖 3 公里内的所有社区；使用冷链配送，实现从顾客下单支付→平台确认→城市分选中心→前置仓→消费者全流程内 2 小时极限送达。

每日优鲜的逻辑是前置仓配送，缩短了 "最后一公里" 配送距离，降低了冷链要求，也降低了配送成本，同时，由于从前置仓直接配送到户，商品只经过一次分拣，减少了耗损。

五、社区生鲜便利店模式

社区便利店主要分为三种：一是小而散的社区个人经营店；二是连锁品牌便利店；三是新型社区便利店。社区消费具有强刚需、高频次、高黏性的特点。业内一致认为，社区便利店作为社区消费的主要场景之一，是新零售的重要用户流量入口。

资本最能反映行业热度。便利蜂先后获得 4 轮融资，估值一度超过 10 亿美元，去哪儿网创始人庄辰超创办的斑马资本也为其注入 3 亿美元。"爱便利""宅可便利店""门口头"等平台也先后获得了百万元到千万元不等的投资。

这一模式的主要代表是百果园。百果园，全称深圳百果园实业发展有限公司，是一家集水果种植、营销拓展、品牌运营、门店零售、物流仓储、品质分级、科研培训于一体的大型水果连锁企业。2017 年已覆盖全国 41 个城市，超 2800 家门店，17 个配送中心，为全国 3000 万个家庭提供来自世界各地的优质水果。其发展历程如表 5-5 所示。

表 5-5　百果园发展历程

时间点	事件
2001 年	百果园成立
2002 年	开出中国第一家水果特许连锁专卖店
2008~2011 年	转型期：回购加盟店，改为全部直营
2015 年 9 月	获得天图资本 4 亿元的 A 轮融资
2015 年 11 月	并购北京最大水果连锁超市"果多美"
2016 年 11 月	并购水果电商一米鲜
2017 年	门店数量超 2800 家，线上单月销售额破亿

资料来源：笔者自行整理。

百果园模式的特点包括：①59 分钟内极速送达，物流配送速度快；②自建仓储快速直达；③"三无退货"在消费者中树立起优质的口碑效应；④万亩果园，能够充分保证货源的稳定性和健康性，消费者买单舒心、吃得放心。

百果园业务模式：产品为王，全产业链管理。

（1）全国拥有近百个合作基地，近5万亩，在全球拥有230个合作基地。

（2）自建种植基地研发技术，拥有行业顶尖的农产品种植技术。

（3）水果全球采购系统供应链向上游延伸，花费了十余年的时间，实现了从终端销售到上游种植的全产业链布局。

（4）制定了水果分级标准，包括"四度"（糖酸度、细嫩度、脆度和鲜度）、"一味"（香味），并在此基础上各自分类A/B/C三级。

（5）百果园的损耗远低于行业平均水平，百果园的平均损耗率仅为5%，生鲜电商行业平均为9%，部分同行为15%，而传统渠道超过30%。

六、社区拼团模式

社区拼团是指，以社区为中心，以团长（通常是宝妈、便利店经营者）为分发节点，消费者可以通过微信群、小程序等工具，拼团购买生鲜、日化用品等新型购物形式。

社区拼团起源于2016年的长沙地区，但是兴盛于2018年，尤其从2018年7、8月开始，在资本的助推下，这一赛道进入了融资"快车道"。你我您、食享会、邻邻壹、十荟团、松鼠拼拼、考拉精选等头部项目纷纷获得千万到亿元级别的融资，累计融资额超过十数亿元。

社区拼团中，生鲜往往占有最为重要的份额。生鲜高频、刚需等特点，与社区场景最为匹配。利用生鲜的高频刚需黏住用户，并由此展开品类的延伸——日用品、美妆、自有品牌产品等高毛利产品，甚至未来有可能拓展到教育、保险、理财等高客单价、高毛利的行业。社区拼团让不少人看到了，从家庭集中式采购的可替代性渠道，成长为家庭日常性的、常态消费渠道的可能性。不过，对于创业者来说，生鲜创业一直都是一个令人头疼的难题，核心在于很难盈利。

生鲜创业难以盈利，有两个根本问题：一是损耗高；二是履约成本高。

　　首先是损耗高问题。生鲜销售的传统路径是，产地——一批—二批—城市大仓—店面/前置仓—消费者。每一次运输都有磕碰、挤压、自然腐烂。同样，每到一个仓库，都停留数天，最终到消费者手里，已经过了数天到半个月不等，损耗自然不低。

　　其次是履约成本问题。无论是 B2C 电商，还是新零售模式，生鲜的配送都需要包装：泡沫箱、冰袋、不同品类分区等，一样都不能少。同时，配送上门同样是一笔支出。例如："一个 100 块的订单，泡沫箱、冰袋这些，加上配送成本，都能达到十几块。"

　　社区拼团采用了相反的方向。一方面，采用预售模式，以销定采；另一方面，履约交给团长执行，通常是自提形式。

　　预售模式通过集单配送，可以有效减少库存，降低损耗。单从这点来看，对资本来说会有很大的吸引力，毕竟解决了生鲜产品高损耗这个业界难题，① 预售降低了损耗，不过，效率也在下降。通常，社区拼团需要 3 ~ 4 天时间才会到达消费者手中，而自提形式可以将"最后一公里"的配送效率呈直线上升，所需要的配送人员也会更少，但是需要在各个小区设立好生鲜储存柜，固定资产投资相对较高，但后期发展的利润高。社区拼团型生鲜电商平台的优劣势如表 5-6 所示。

表 5-6　社区拼团型生鲜电商平台的优劣势

优势	劣势
线下社群裂变分销	竞争激烈，同质化严重
精细化运营降低成本	巨头进入，混战一触即发
惠及消费者的低价高质	营利性不明显
严格把控生鲜损耗率	优质产品、扩充供应链是关键

　　资料来源：笔者自行整理。

────────────

　　① 沙水. 盘点水果 O2O 两种模式：预售模式 vs 及时送模式，谁将胜出？［EB/OL］. 创业邦：https：//www.cyzone.cn/article/128726.html，2015-08-24.

第三利润源理论认为物流是"第三利润源"，其具有增值效应，即创造时间价值和空间价值。现代化生产的特点往往是通过大规模、集中的生产以提高生产效率，来降低成本。生鲜物流价值具体包括从低价值的生产流入高价值的需求所创造的价值，分散生产场所流入集中需求场所创造的价值，以及从集中生产场所流入分散需求场所创造的价值。[1] 而社区拼团的形式能够实现大规模批量化购买，减少了快递员总体配送时间，极大地提升了配送的效率，创造了时间价值（社区拼团的运营模式如图5-1所示）。

2018年11月6日，生鲜平台每日优鲜上线了一款名为"每日一淘一起拼"的小程序，正式进军社区拼团领域。首站选择在了石家庄，页面显示当时已经招募了近百位"团长"。

无独有偶。同样在2018年11月初进军社区拼团的，还有美菜。作为一家果蔬农产品B2B平台，美菜在生鲜供应链方面的优势，让它快速在华中、华东、华北这三个当下最火热的战区同时开始了社区拼团探索。

不仅如此，凭借微信生态迅速崛起的拼多多也开始"觊觎"这块蛋糕。2018年11月，拼多多投资了在上海浦东地区深耕数年的虫妈邻里团，正式涉足社区拼团。[2]

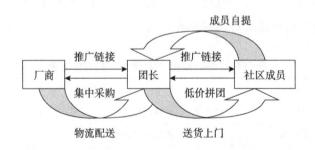

图5-1　社区拼团运营模式

① 靳伟. 为"第三利润源泉"正名 [J]. 物流技术与应用，2002（6）：55-56.
② 项也. 拼多多、每日优鲜下注，红杉、IDG入局，社区拼团迎"百团大战" [EB/OL]. https：//baijiahao. baidu. com/s? id=1612576473758338140&wfr=spider&for=pc，2018-09-25.

社区生鲜拼团模式的代表之一就是食享会。①

1. 社区社群团购起于 O2O 探索

食享会持续地推动着社区拼团模式的发展。早在 2016 年 3 月，本来生活 O2O 业务"本来便利"（食享会前身）转型，从赋能便利店主、半小时送达的模式，转向社区社交电商探索。

在 2016 年 A2O 中国新农业大会上，创始人戴山辉首次提出"社群社区"概念。随后的 2017 年，在三亚、北京、杭州、深圳举行了四次大型社区社群公开课，号召全国 300 余座城市上千个创业团队用此模式开始创业。

社区社群模式在公司化运作之前主要以宝妈/社区便利店经营者等个体经营为主，存在几大突出的难点。第一，缺乏技术工具，货物的进销存依靠笔纸录入，错误率高、效率低；第二，个人仓储物流和配送，没有规模效应；第三，商品和供应链能力不能稳定保证品质。这种低效的作坊式作业比较原始，但经营效益很好，让创业者看到机会。

截至 2018 年 9 月，食享会全国员工有 400 多人。食享会总部提供一系列的技术和供应链支持；全国 30 个城市团队（每个团队 10~100 人不等）负责选品、市场扩展、仓储和配送；而社群宝妈与食享会为佣金合作的模式，一人负责小区的 300~500 户家庭，每单提取销售额 10%作为佣金。目前平台已积累 5000 多位宝妈，每月稳定销售额超过 5000 万元，且在单一社区、单一城市均实现正现金流、正利润。

2. 食享会商品和运营模式

食享会的用户群为二、三、四线城市的宝妈。商品方面，以生鲜食材、食品、美妆个护、家居用品四大品类为主。每天精选 5~8 款商品，做限时一天的预售，一年经营约 2000 个商品，其中生鲜的比例约 60%。选品原则是，围绕家庭消费的刚需品类，做到足够的优质和低价。

---

① 林燃. 社区拼团黑马食享会与无人便利店缤果盒达成战略合作 [EB/OL]. 亿欧, ht-tps：//www. iyiou. com/8203/. html.

在品质方面，食享会会选择家庭需要、季节适合的商品；在运营方面，会根据时节、节日、品类交替的节奏来选品；在品控方面，采购人员会直接去工厂/产地验货来保证商品品质，配送环节直接从工厂/产地发出，损耗不足1%。2018年9月，食享会单一商品订货量在十几万至百万级，集中的单品采购拥有较高的议价能力，而运营成本极低，扣除给宝妈的10%佣金外，净利也可达到5%~10%。

3. 供应链：履约成本仅0.5元/单

以"极致单品+1天团购"的形式，食享会省去了开店模式的高租金、高人力成本。商品直接从原产地/工厂直达各大城市的城市仓，在城市仓流转不超过一天，随后立即运送给社区宝妈，宝妈负责该小区的配送。去除了传统商品交易体系的中间环节，降低采购成本。

2018年9月，食享会每单的配送成本基本在0.5元左右。订单密度更高，每单履约更会在0.5元以下。流转环节少、时效性强、预售的形式，给生鲜电商的履约成本带来颠覆式的下降。

七、社区生鲜新零售模式

近年来，生鲜电商一直在不断创新试错，创业者和投资人都看好生鲜高频的入口效应，笔者认为，谁能打通生鲜电商，就可能撬动包含线上线下的大零售格局。同时，行业的良性竞争、融合，也会促进新零售的进化。盒马鲜生作为新零售商业模式的开创者，通过线下门店与线上APP相结合的经营模式提供线上线下一体化的生鲜等超市商品和餐饮的零售服务，其发展历程如表5-7所示。这个被业界称为"四不像"：不是超市，不是便利店，也不是餐饮店，更不是菜市场，但它却受到了各界广泛关注。

表5-7　盒马鲜生发展历程

时间点	事件
2016年1月	盒马鲜生首家门店在上海金桥开业
2016年12月	盒马鲜生二代店"盒马集市"上海八佰伴开业

时间点	事件
2017 年 1 月	盒马鲜生沪外首店宁波东岸里广场开业
2017 年 10 月	盒马鲜生全国门店合计超 30 家
2018 年 8 月	盒马鲜生全国门店合计超 66 家

盒马鲜生是阿里巴巴集团对线下超市商业业态完全重构的新零售业态，通过数据驱动，完成线上、线下与现代物流技术的完美融合，从而带来生鲜商品 30 分钟快递到家的极致服务体验。盒马鲜生的定位、业务模式及优劣势分析如表 5-8 所示。

表 5-8　盒马鲜生的定位、业务模式及优劣势分析

定位	业务模式："超市+餐饮+电商+物流"	优势	劣势
目标消费定位：有一定消费能力的"80后""90后"	"生鲜超市+餐饮"的结合：所购生鲜可在餐饮区直接加工	场景化门店运营，用户深度参与，黏性强	重模式的运营需要高盈利做支撑，随着成本损耗增加，成本压力会转移到消费者身上
场景定位：围绕餐饮这个场景来构建商品品类	自动化物流体系：店内分拣、电子标签、自动化合流	是消费环境优势仓库，线上线下同价，30 分钟高效配送，用户体验好	定位中高端消费群体，并且配送半径小，用户群体有局限性
依据新消费环境，重构新消费价值观	强大的物流配送能力：门店附近 3~5 公里范围内，30 分钟送达	重模式下，一旦建立起竞争壁垒同行将难以复制	

资料来源：笔者自行整理。

1. 盒马鲜生的运营模式

（1）坚持"原产地直采+本地化直采"两种方式相结合。

原产地直采方面，盒马鲜生每天都从世界各地引进最优质的生鲜产品。来自美国，加拿大、智利、秘鲁、墨西哥、阿根廷、新西兰、澳大利亚、俄罗斯、英国、丹麦、意大利、菲律宾、泰国、韩国等国生鲜原产地的果蔬、海鲜和肉类产品，通过数十班航班、货柜，源源不断地以最快速度送到盒马鲜生顾客的手上。

而平价大路菜，盒马鲜生则有"日日鲜"，前一天晚上在各个蔬菜基地采摘的蔬菜，连夜包装，第二天一早上架，最快只要八小时。"日日鲜"蔬菜包装上均有日期，卖不完当晚销毁。

值得一提的是，盒马鲜生销售的部分商品，已经实现与天猫统一采购。如加拿大进口的波士顿龙虾、美国西北的"天猫金"车厘子等。盒马鲜生、天猫生鲜和天猫超市，可确保消费者在不同场景下的个性化需求。

（2）实现"生""熟"双向联动。就像天猫的"边看边买"一样，盒马鲜生可以做到"边逛边吃"，其中海鲜最受欢迎：用户下单购买海鲜后，可以到加工柜台称重，选择加工方式，稍作等待后就可以吃到刚刚下单的生猛海鲜了。除了"生熟联动"，盒马鲜生还有"熟生联动"，如顾客在盒马鲜生店内的牛排档吃了一块香煎牛排，那么这块牛排的所有原料——包括牛肉、酱汁、调料，都可以在盒马鲜生店内买到。

（3）实现30分钟送达。盒马鲜生最大的特点之一是快速配送：门店附近3公里范围内，30分钟可以送上门，而且盒马鲜生的配送时间是按照30分钟为单位供消费者选择，掌握得特别精准。比如消费者如果在14：50在APP上下单，可选最近预约送货时间是15：00～15：30，确定性十足。

盒马鲜生综合运用大数据、移动互联、智能物联网、自动化等技术及先进设备，实现人、货、场三者之间的最优化匹配，从供应链、仓储到配送，盒马鲜生都有自己的完整物流体系，大大提升了物流效率。

一是拣货快。传统仓库拣货是一个人要拣完订单中的所有货品，但盒马鲜生是分布式拣货，算法把订单打散，变成不同的拣货员就近拣货。所有商品都有电子价签和专属条码，每个拣货员都是用RF枪工作，确保拣货、合单、发货100%准确。在每个订单的拣货环节，时间严格控制在3分钟之内。

二是流转快。拣选好的商品通过超市顶部的自动传输带，快速流转到后仓进行打包。所以在门店，消费者头顶上方会有包裹飞来飞去，而下方则是琳琅满目的食品，一切都充满了新鲜感。整个传输过程也是严格控制在 3 分钟之内。

三是后仓包装快。盒马鲜生的后仓极其神秘，是一个由复杂的大数据算法和各种人工智能设备构成的"科技世界"，相当于把一个高科技实验室搬进了超市。盒马鲜生会根据订单商品组成、相近的预约时间、相近的消费者位置、相似的配送员的路径，验算后指引商品自动合单，帮助打包员在后仓快速打包。整个打包过程也严格控制在 3 分钟以内。

四是上路配送快。经过前面 9 分钟的处理后，订单会乘坐用垂直升降系统送到物流中心出货。留给配送员在路上时间是 20 分钟。盒马鲜生配送人员有统一装备，都配有保温保湿袋，支持热链、冷链和货物配送，温度覆盖了零下 18 度到 60 度，配送用的箱子和冰袋都可以回收重复利用，在 3 公里范围内确保新鲜到家。

（4）打造数据和技术驱动的新零售平台。盒马鲜生的核心能力是算法驱动，智能算法已经渗透到了盒马鲜生选品采购、销售、最后物流履约的全流程当中。

一是打造了去中心化的流量入口：盒马鲜生建立了一个以门店为核心的社区会员网络，通过算法实现和消费者的个性化和场景化互动。通过线下门店引流，盒马鲜生避免了线上中心化的流量入口，让去中心化的流量和去中心化的物流体系、分布式架构形成完美结合。

二是为库存提供实时管理：为了极致新鲜，盒马鲜生是小包装、小批量、高频次的供应链，而且是线上线下共用一个库存，需要对供应链有敏锐的实时运算，无缝进行调货补货。盒马鲜生的所有商品都有专属条码，采用电子价签，可以随时掌握库存，也可以用电子化的方式一键动态调价。

三是实现了全链路的数字化：盒马鲜生的供应链、销售、物流履约链路是完全数字化的。从商品到店、上架、拣货、打包、配送任务等，作业人员都是通过智能设备去识别和作业，简易高效，而且出错率极低。大大提升了人效、坪效及物流效率。

四是为 30 分钟物流配送提供精准测算：盒马鲜生 30 分钟可以配送到家，是目前零售行业最快、最稳定的物流服务体验。为了让配送能够精确到分钟，盒马鲜生也是通过算法，在订单的拣货、流转、打包和配送过程中全部是采用分布式的做法，不再是以单个的订单为中心来作业。

五是智能设备：盒马鲜生的门店和物流体系都使用了智能设备如电子价签、自助收银、悬挂链、智能分拨等。智能设备通过识别芯片和条码，让商品在线上线下高效流转。

六是将高科技应用于细节：盒马鲜生就连生鲜商品的包装都采用了高科技——在生鲜商品的包装等细节上，盒马鲜生采用了行业中少见的"贴体技术"。该技术由"贴体膜和真空抽取技术"组成。贴体膜具有耐高温、耐冷藏、阻隔氧气和水蒸气的特性。"贴体技术"改变了长时间保存食品需要冷冻的情况，可以帮助菜品在 0~4 度的冰鲜状态下拥有 10~14 天的食物保质期。

2. 生鲜运营模式的优势①

盒马鲜生的运营模式是完全区别于传统商业的，盒马鲜生是以电商思维在做实体门店，即出发点是通过解决生鲜电商无法解决的线下用户的痛点为前提去打造门店。

其一，盒马鲜生用实体门店弥补了此前生鲜电商无法解决的生鲜类商品因为非标化导致的冷链物流配送的短板，门店既是一家卖场，更是一个完美的仓库。同时，在最佳的配送能力范围内，保持了物流的品质和用户满意度——只做周边 3 公里的线上订单，让自己的客群定位和范围更加精确。

其二，盒马鲜生本质上不是要做线下，侧重的仍然是线上用户（年轻，消费的未来），是通过线下实体店的体验，既可笼络一批线下忠实用

---

① 陈岳峰. 个个跃跃而试的"搅局者"，这是准备向实体店进军啦［EB/OL］. 电商之家，http://www.cnecz.com/guandian/dianshang/16763.html，2017-07-26. 笔者有修改。

户，还能非常有效地增强线上用户的黏性，并吸引线上用户到店产生更多消费。

这种方式通过线上、线下结合，覆盖了几乎不具重合度的两类消费人群，表面上看后台投入极高，但与传统门店相比，却提高了业绩提升了坪效，分摊了成本。更重要的是，与电商当初的做法一样，盒马APP的推广策略同样是用战略性补贴（也可以说是亏损）来培育消费者的消费习惯。一旦消费习惯养成，对传统商业的杀伤力将呈几何级增长。

有数据显示，2016年盒马鲜生上海金桥店全年营业额约2.5亿元，坪效约5.6万元，远高于同业平均水平（1.5万元）。以此来看，盒马鲜生的门店运营效率远超传统商超。

盒马鲜生是阿里巴巴探索新零售的主阵地之一，也可以说盒马鲜生是阿里巴巴首个规模化落地的新零售产物。盒马鲜生创立于2015年3月，首家门店（上海金桥广场店）开业时间为2016年1月15日，盒马鲜生APP同步建成。截至2017年7月17日，盒马已开出13家门店，其中上海10家，北京2家，宁波1家（宁波店为盒马鲜生三江联营店）。

目前，盒马鲜生凭借科技层面的创新、数据驱动的运营方式和线上线下一体的经营思路，已实现用户月购买次数达到4.5次，坪效是传统超市的3~5倍，线上商品转化率达到35%，远高于传统电商。目前，成熟门店如上海金桥店的线上订单与线下订单比例约为7：3，并且已经实现单店盈利。

参考文献

[1] Budiasa I W, Widodo S, Hartono S et al. Optimization of Farming System Towards Sustainable Agriculture in North Coastal Plain Bali [J]. Jurnal Manusia Dan Lingkungan, 2014, 14 (3).

[2] Darby-Dowman K, Barker S, Audsley E et al. A Two-stage Stochastic Programming with Recourse Model for Determining Robust Planting Plans in Horticulture [J]. Journal of the Operational Research Society, 2000, 51 (1): 83-89.

[3] Dwivedi A, Merrilees B. The Impact of Brand Extensions on Parent Brand Relationship Equity [J]. Journal of Brand Management, 2012, 19 (5): 377-390.

[4] Ferrer J C, Cawley A M, Maturana S et al. An Optimization Approach for Scheduling Wine Grape Harvest Operations [J]. International Journal of Production Economics, 2008, 112 (2): 985-999.

[5] Kazaz A, Ulubeyli S, Turker F. The Quality Perspective of the Ready-mixed Concrete Industry in Turkey [J]. Building & Environment, 2004, 39 (11): 1349-1357.

[6] Klein B, Crawford R G, Alchian A A. Vertical Integration, Appropriable Rents, and the Competitive Contracting Process [J]. The Journal of Law and Economics, 1978, 21 (2): 297-326.

[7] Veloutsou C, Moutinho L. Brand Relationships Through Brand Reputation and Brand Tribalism [J]. Journal of Business Research, 2009, 62 (3): 314-322.

［8］张建华．商品流通学［M］．北京：中国经济出版社，2014.

［9］周发明．构建新型农产品营销体系的研究［M］．北京：社会科学文献出版社，2009.

［10］王云，王先庆．水果流通论——基于广州连锁超市经营视角［M］．北京：经济管理出版社，2018.

［11］李博．生鲜电商行业发展研究［D］．中国社会科学院硕士学位论文，2014.

［12］赵焕梅．生鲜农产品渠道冲突动因研究［D］．山东财经大学硕士学位论文，2013.

［13］杨慧．流通渠道的变革研究［D］．江西财经大学博士学位论文，2003.

［14］王勇胜．生鲜电子商务物流配送模式研究［D］．河南工业大学硕士学位论文，2014.

［15］张顶兰．我国农产品流通渠道模式创新研究［D］．首都经济贸易大学硕士学位论文，2014.

［16］王先庆．渠道控制权［M］．北京：中国人民大学出版社，2014.

［17］李秀明．北京市生鲜农产品流通模式研究［D］．北京物资学院硕士学位论文，2011.

［18］罗蓉．电子商务背景下的生鲜农产品冷链物流绩效评价研究［M］．华中农业大学硕士学位论文，2014.

［19］邓琪．基于变质损耗的生鲜农产品订货策略［J］．统计与决策，2013（6）：41-44.

［20］杜睿云，蒋侃．新零售：内涵、发展动因与关键问题［J］．价格理论与实践，2017（2）：141-143.

［21］郭强．对具有库存损耗的 EOQ 模型的研究［J］．系统工程，2004，22（7）：17-19.

［22］洪涛．我国农产品冷链物流模式创新与发展［J］．中国农村科技，2013（8）：42-45.

［23］侯燕．"消费者中心"理念下农产品电商品牌建设策略研究［J］.商业经济研究，2016（5）：48-50.

［24］杨宝宏，宋茜茜．农产品冷链物流经营模式创新之路［J］.生产力研究，2013（12）：25-26.

［25］邵景波，许万有，张君慧．社会网络视角下品牌延伸对母品牌顾客资产驱动要素的影响研究——基于多重因素的调节作用［J］.中国软科学，2017（11）：131-141.

［26］汪旭晖，张其林．电子商务破解生鲜农产品流通困局的内在机理——基于天猫生鲜与沱沱工社的双案例比较研究［J］.中国软科学，2016（2）：39-55.

［27］汪义军，卢友东．生鲜农产品电商供应链协同管理策略研究［J］.经济研究导刊，2018（29）：72-74.

［28］钟永玲．美国农场计算机及互联网应用概况［J］.云南农业，2012（3）：13-13.

［29］晏维龙．马克思主义流通理论发展研究［J］.江苏社会科学，2008（5）：233-234.

［30］庞增荣，马李丽．我国生鲜农产品流通模式与流通效率优化研究［J］.商业经济研究，2017（15）：121-123.

［31］瞿冬，王先庆．基于AHP的生鲜产品全程品质控制研究［J］.经济论坛，2018（12）：126-131.

［32］陈耀庭，蔡贤恩，戴俊玉．生鲜农产品流通模式的演进——从农贸市场到生鲜超市［J］.中国流通经济，2013（3）：19-23.

［33］董晓霞，毕翔，胡定寰．中国城市农产品零售市场变迁及其对农户的影响［J］.农村经济，2006（2）：87-90.

［34］李琳．鲜活农产品流通模式与流通效率研究［D］.中国海洋大学博士学位论文，2011.

［35］李京京，康星宇，杨硕．我国生鲜农产品流通发展模式选择［J］.商业经济研究，2015（13）：14-15.

［36］李凡．浅谈国外农产品冷链物流的经验措施［J］．东方企业文化，2014（9）．

［37］靳伟．为"第三利润源泉"正名［J］．物流技术与应用，2002（6）：55-56．

［38］石岿然，孙玉玲．生鲜农产品供应链流通模式［J］．中国流通经济，2017（1）57-64．

［39］张赞，张亚军．我国农产品流通渠道终端变革路径分析［J］．现代经济探讨，2011（5）：71-75．

［40］刘刚．鲜活农产品流通模式演变、动因及发展趋势研究［J］．农业经济，2015（1）：119-120．

［41］刘畅，孙颖．马克思主义流通理论研究述评［J］．商业经济，2018（2）：121-122．

［42］王潇芳．我国农产品流通模式创新探究［D］．四川师范大学硕士学位论文，2012．

［43］黄福华，蒋雪林．生鲜农产品物流效率影响因素与提升模式研究［J］．北京工商大学学报（社会科学版），2017（2）：40-49．

［44］王继红．从供应链角度看生鲜农产品超市化经营——以"农改超"为切入点［J］．经济技术协作信息，2009（28）：1-2．

［45］李小飞．生鲜农产品物流配送组织模式研究——以浙江省为例［D］．浙江大学硕士学位论文，2007：43．

［46］左两军，张丽娟．农产品超市经营对农业产业链的影响分析［J］．农村经济，2003（3）：31-32．

［47］颜怀国．农产品超市经营对农业产业链的影响分析［J］．经济研究导刊，2018（29）：22-23．

［48］杨雪，乔娟．中国农产品期货市场发展历程、现状及前景［J］．农业展望，2008（3）：38-40．

［49］顾宇明．物联网技术在生鲜产品物流配送中的应用［J］．消费导刊，2017（15）：66．

[50] 田义文，侯曦. 质量安全视野下的农产品有效供给研究 [J]. 新西部：下旬·理论，2011 (10).

[51] 何忠伟，桂琳，刘芳等. 北京生鲜农产品物流配送业的发展趋势与质量安全 [J]. 北京社会科学，2010 (4)：43-47.

[52] 王先庆，雷韶辉. 新零售环境下人工智能对消费及购物体验的影响研究——基于商业零售变革和人货场体系重构视角 [J]. 商业经济研究，2018 (17)：5-8.

[53] 赵树梅，徐晓红. "新零售"的含义、模式及发展路径 [J]. 中国流通经济，2017 (5)：14-22.

[54] 王坤，相峰. "新零售"的理论架构与研究范式 [J]. 中国流通经济，2018 (1)：3-11.

[55] 王靖，陈旭. 考虑流通损耗的生鲜农产品零售商期权订货策略 [J]. 系统工程理论与实践，2012，32 (7)：1408-1414.

[56] 陈军，但斌. 努力水平影响流通损耗的生鲜农产品订货策略 [J]. 工业工程与管理，2010，15 (2)：50-55.

[57] 吴传淑. 国外生鲜电商发展模式探析 [J]. 世界农业，2015 (5)：136-138.

[58] 刘刚. 鲜活农产品流通模式演变动力机制及创新 [J]. 中国流通经济，2014 (1)：33-37.

[59] 陈耀庭，蔡贤恩. 生鲜农产品流通模式的演进——从农贸市场到生鲜超市 [J]. 中国流通经济，2013 (3)：19-23.

[60] 张天琪，杨永杰. 北京市农产品流通服务体系存在的问题与对策 [J]. 北京农业职业学报，2010 (7)：43-46.

[61] 曹鸿星. 零售业创新的驱动力和模式研究 [J]. 商业经济与管理，2009 (5)：19-25.

[62] 罗倩倩，胡斌. 浅析我国生鲜电商发展的思路 [J]. 科技广场，2014 (12)：199-201.

[63] 洪岚. 我国城市农产品流通主要特点及发展趋势 [J]. 中国流通

经济，2015（5）：20-26.

［64］赵丽英．我国生鲜农产品流通渠道选择模型构建［J］．商业经济研究，2019（3）：111-114.

［65］郑轶．中国和日本生鲜农产品流通模式比较研究［J］．世界农业，2014（8）.

［66］姚升．技术创新视角下生鲜蔬菜流通发展对策研究——以合肥市为例［J］．农业经济学刊，2017（2）：86-98.

［67］中国连锁经营协会．第三只眼看零售：2018社区生鲜调研报告［R］．中国连锁经营协会，2018（12）.

［68］查楠．新式零售，谁与争"鲜"，生鲜新零售研究报告［R］.36氪研究院，2018（1）.

［69］前瞻产业研究院．2018中国生鲜行业研究报告［R］．前瞻产业研究院，2018.

［70］刘妍．O2O模式下生鲜流通渠道分析［D］．首都经济贸易大学硕士学位论文，2017.

［71］李兴．生鲜农产品流通模式对农户收入的影响研究［D］．浙江工商大学硕士学位论文，2018.

［72］李煜．中日生鲜农产品流通体系的比较研究［D］．西南交通大学硕士学位论文，2011.

［73］吴琳．有机农产品企业发展电子商务的问题与策略研究［D］．首都经济贸易大学硕士学位论文，2014.

［74］马歇尔．经济学原理（上卷）［M］．北京：商务印书馆，2011.

［75］张艳．基于供应链管理的中国鲜果流通模式研究［D］．华中农业大学博士学位论文，2013.

［76］施浩然．考虑损耗控制的生鲜农产品存储问题及供应链优化研究［D］．西南交通大学博士学位论文，2016.

［77］李京川．结合美国经验谈生鲜农产品电商模式发展策略［J］．商业经济研究，2017（12）：50-51.